Alain Stéphan

Tous les Prénoms Celtiques

Collection Terre des Celtes

ÉDITIONS JEAN-PAUL GISSEROT

Bibliographie

Abalain, Hervé, *Histoire du Pays de Galles*, Gisserot, 1991.
Barbé, Jean-Maurice, *Tous les Prénoms*, Gisserot, 1994.
Brice, Christopher, *Names for the Cornish*, Dyllansow Truarn, 1984.
Cesswel, Julia, *Irish First Names*, Harper Collin, 1996.
Dottin, George, *la Langue gauloise, grammaire, texte et glossaire*, Klinsieck, 1918.
Dunkling, Leslie, *Scottish Chritian Names : an A-Z of First Names*, Jonston and Bacon, 1978.
Farmer, David, *Dictionary of Saints*, Oxford University Press, 1978.
Green, Miranda Jane, *Mythes celtiques*, Le Seuil, 1995.
Gruffud, Heini, *Enwau Cymraeg I Blant / Welsh Names for Children*, Y Lolfa, 1980.
Guyonvarc'h, Chritian-J, et Le Roux, Françoise, *la Civilisation celtique*, Ouest-France, 1990.
Hanks, Patrick, et Hodges, Flavia, *Dictionary of First Names*, Oxford University Press, 1990.
Lambert, Pierre-Yves, *la Langue gauloise, description linguistique, commentaire d'inscriptions choisies*, Errance, 1994.
Lambert, Pierre-Yves, *les Littératures celtiques*, Que Sais-Je, Presses Universitaires de France, 1981.
Le Menn, Gwenole, *Grand choix de prénoms bretons*, Coop Breizh, 1990.
Loyer, Olivier, *Les Chrétientés celtiques*, Presses Universitaires de France, 1965.
Maignant, Catherine, *Histoire et civilisation de l'Irlande*, Nathan, 1996.
O'Corrain, Donchadh, et Maguire, Fidelma, *Irish Names*, Lilliput Press, 1981.
Sierra, Judy, Celtic *Baby Names, traditional first names from Ireland, Scotland, Wales, Brittany, Cornwall and the Isle of Man*, Folkprint, 1997.
Stéphan, Alain, *Tous les Prénoms bretons*, Gisserot, 1996.
Les quatre branches du Mabinogi, et autres contes gallois du Moyen-Age, traduit du moyen gallois, présenté et annoté par Pierre-Yves Lambert, Gallimard, 1993.

Introduction

Qu'est-ce qui détermine le caractère celtique d'un prénom ? La réponse la plus courante à cette question est de considérer comme celtique l'ensemble des prénoms portés dans les langues celtiques modernes[1]. Le présent ouvrage prend en compte cette définition, et mentionne ces différents prénoms et leurs différentes formes dans les langues celtiques modernes.

Toutefois, une telle définition paraît trop restrictive car elle exclue les prénoms d'origine celtique présents dans les langues modernes non-celtiques. Or cet ouvrage s'adresse essentiellement à des locuteurs du Français, soucieux de trouver des prénoms qui appartiennent à leur univers culturel familier ou dans des univers culturels voisins.

C'est pourquoi le présent ouvrage privilégie les formes françaises - si elles existent - dans les entrées. C'est pourquoi également il admet dans la vaste famille des prénoms celtiques ceux dont l'étymologie renvoie à des éléments celtiques ; il y admet également, moins largement, ceux qui sont représentés par des saints, ou des personnages mythologiques ou littéraires celtiques.

Les étymologies celtiques

A chaque fois que cela a été possible, on a essayé de remonter à la langue celtique la plus ancienne et la moins mal connue, c'est-à-dire le gaulois, même si cette langue n'est pas l'ancêtre direct des langues celtiques modernes. Cela n'est pas propre aux langues celtiques : le latin classique n'est pas l'ancêtre direct des langues latines modernes ; le gothique n'est pas l'ancêtre des langues germaniques ; mais ces langues ont l'avantage d'être, à des degrés divers, suffisamment connues, anciennes, et proches des langues modernes pour les éclairer.

---

1. C'est notamment la définition adoptée implicitment par le seul ouvrage actuellement disponible connu de l'auteur, en anglais, sur le sujet (voir bibliographie).

Les langues celtiques anciennes, ont laissé très peu de textes continus, mais ont laissé une grande abondance d'inscriptions (gaulois), ou de gloses (vieil irlandais, vieux gallois, vieux breton). Il en résulte que, si la grammaire est parfois mal connue, le vocabulaire et les noms propres, de lieux ou de personnes, le sont assez bien. Ces documents sont donc une source assez fiable sur l'étymologie des prénoms celtiques.

Certains prénoms peuvent être rattachés à des personnages qui ont laissé de traces chez les historiens antiques, comme Catumandus (**Cavan**), voisin des Marseillais au IVe siècle avant J.C., Brennus (**Bran**), vainqueur des Romains, Brennos (**Bran**), envahisseur de la Grèce, Cassivelaunus (**Casvelyn**), adversaire de César, ou Caratacus (**Caradec**), adversaire de Claude.

Les prénoms celtiques s'enracinent ainsi dans une tradition très ancienne, manifestent un état social et culturel ancien, que les prénoms ont figé.

La fréquence des racines exprimant la filiation manifeste sans doute une société organisée en tribus se rattachant à un ancêtre commun. Ainsi, des éléments gaulois *teuto*, gens, peuple (**Tudual**, **Tudi**, **Tudor**), *geno*, noble de naissance (**Even**, **Kevin**, **Morgane**, **Sulien**, **Urien**) et *cara*, parent, ami (**Angharad**, **Caradec**, **Carentec**, **Cari**, **Fingar**, **Oscar**, **Segal**).

Les hiérarchies sociales apparaissent également : la royauté par l'élément *rig* (**Cédric**, **Rhiannon**, **Rhodri**, **Rieg**, **Riwal**, **Rory**, **Rian**, **Tudor**), la dignité, l'élévation par l'élément *brigo* (**Brian**, **Brieuc**, **Brigitte**). Le prince, le seigneur ont laissé une trace par l'élément vieux breton *iud* (**Griffith**, **Idris**, **Josse**, **Judicaël**, **Meredith**), et les éléments gaulois *maglo* (**Armel**, **Mael**, **Magloire**) et *tigerno* (**Guntiern**, **Kentigern**, **Tiernan**, **Tierney**). L'importance des qualités morales qui y sont attachées, en particulier la générosité, significative de statut social, se manifeste par la récurrence de l'élément vieux breton *hael* (**Arianell**, **Gwenaël**, **Judicaël**).

La division en trois classes des sociétés indo-européennes a sans doute laissé quelques traces dans les prénoms celtiques. L'extrême fréquences de l'élément *vindo*, blanc, généreux, sacré, doit sans doute être associée à l'ancienne classe sacerdotale, que se soit sous la forme gaélique *fin* (**Finan**, **Finbar**, **Finga**, **Fingar**, **Finnian**, **Finn**, **Fiona**,

Fionuala, **Fintan**), ou brittonique *gwenn* (**Arianwen**, **Branwen**, **Eizwen**, **Enide**, **Envel**, **Goulven**, **Gwenaël**, **Gwendal**, **Guénolé**, **Gwendoline**, **Gwenn**, **Gwenneg**, **Gwyneth**, **Jennifer**, **Keyne**, **Melwyn**, **Morwen**, **Nolwen**, **Olwen**, **Winifrid**). Certains végétaux sont peut-être associés à cette classe, comme le chêne (**Darren**) ou l'if (**Yves**).

L'ancienne classe guerrière semble avoir laissé une trace sensible dans les prénoms celtiques, en particulier par l'élément *catu*, combat (**Cadoc**, **Cadwaladr**, **Casvelyn**, **Catald**, **Cathan**, **Cédric**, **Chad**, **Donagh**, **Morgad**). Trois animaux paraissent très liés au symbolisme guerrier. L'ours, avec l'élément *arto* (**Ardal**, **Armel**, **Art**, **Arthur**), avant que le lion le supplante, fut longtemps un symbole de la royauté. Le chien, avec l'élément *cuno* (**Conall**, **Conan**, **Conn**, **Connor**, **Tangui**), était un synonyme du guerrier ou du chef. Le corbeau, avec l'élément *branno* (**Bran**, **Branwen**, **Brewal**) était l'animal de Lug, principal dieu celte, associé à Mercure.

La troisième classe, en revanche, semble entourée d'un certain mépris, comme le montre notamment la position de Manawydan dans la troisième branche du *Mabinogi*, et n'a laissé que peu de trace dans les prénoms celtiques. Les prénoms liés au fer ou au forgeron rappellent sans doute le rôle des Celtes dans le développement de la société du fer et son importance dans une société essentiellement guerrière (**Hervé**, **Gobain**).

Beaucoup de prénoms expriment également le rattachement à un peuple ou un pays. Ainsi, **Rémi**, **Davan**, **Brett**, **Gaël** et **Scott** font références à des peuples celtes antiques ou modernes, **Desmond** et **Ultan** aux habitants de régions d'Irlande. Beaucoup de prénoms font référence à l'étranger (**Gall**), notamment le Saxon (**Sydney**), et surtout le Normand (**Dougal**, **Fingal**, **Lachlan**). Certains prénoms ont un caractère plus franchement géographique, comme certains qui sont simplement le nom de pays celtiques (**Brittany**, **Erin**), ou de régions qui en font partie (**Fife**, **Murray**, **Tyrone**, **Donegal**, **Gwyneth**), voire de rivières (**Shanonn**, Alun, **Tamara**). Beaucoup font également référence à la mer, qui borde tous les pays celtiques actuels (**Morgan**, **Morgane**, **Morvan**, **Muriel**, **Murray**), ou à des éléments marins (**Ronan**).

Les saints celtiques

Les saints jouent évidemment un rôle central dans le choix d'un prénom, du fait de l'existence d'un calendrier, liste de fêtes ou répertoire de référence. Certains ont pris un caractère national, comme saint **David** au Pays de Galle, saint **Patrick** en Irlande et sainte **Anne** en Bretagne.

Certains relèvent de la tradition romaine, même s'ils portent un prénom celtique, comme les évêques gallo-romains saint **Albin**, saint **Brice**, saint **Gall**, saint **Melaine** ou saint **Rémi**, ou les britanniques saint **Alban**, saint **Ninian**, et même, dans une grande mesure, saint **Gildas**.

D'autres, beaucoup plus nombreux, principalement du Ve au VIIIe siècle, relèvent d'une tradition spécifiquement celtique.

Ce sont d'abord des ermites à la recherche de la solitude. Les chrétiens orientaux et les Celtes voyaient dans l'anachorétisme la forme la plus élevée de l'idéal monastique : le moine oriental cherchait le désert, le moine celte les îles inhabitées. Celles-ci deviennent de nouvelles Thébaïdes : saint **Enda** dans les îles d'Aran, saint Diarmaid (**Dermot**) dans une île du Lough Ree, saint Colomba (**Malcolm**) à Iona, sainte **Kentigerne** dans une île du Loch Lomond, saint **Barry** dans l'île Barry, saint **Guénolé** à Tibidy, saint **Gildas** à Houat, saint **Tudy** à Groix, saint **Magloire** à Serq.

Ils se retrouvent, parfois malgré eux, entourés de disciples, et fondent ainsi d'importants monastères. Ceux-ci, dirigés par des abbés particulièrement puissants, deviennent les véritables centres de la vie sociale et culturelle de régions dépourvues de centre urbain, suivant un modèle qui s'oppose fortement au modèle romain du Bas-Empire de la cité antique dirigée par un évêque.

Les modèles les plus caractéristiques se trouvent en Irlande, que les Romains n'ont jamais conquise. En dépit de l'influence de saint **Patrick**, c'est sur un modèle monastique que le christianisme s'y développe, avant lui, avec saint Ailbe (**Alby**), saint **Declan** d'Ardmore, saint Ciaran (**Kierran**) de Saighir, et encore plus après lui, avec les grands fondateurs irlandais : sainte **Brigitte** à Kildare, saint **Comgall** à Bangor, saint **Finbar** à Cork, saint **Kevin** à Glendalough, saint Ciaran (**Kierran**) à Conmacnoise. Les monastères y sont alors les centres de cultures et d'enseignement où seront mis par écrit les récits mythologiques celtiques, et surtout recopiés, traduits, commentés les auteurs classiques. Ils essaiment dans toute l'Europe leurs savants - le plus notable étant le philosophe Jean **Scot** Erigène - et contribuent pour une grande part à la renaissance carolingienne des VIIIe et IXe siècle.

Dans les régions qui ont subi, à des degrés divers, la domination romaine, ce modèle s'est parfois imposé, et la plupart des grands saint gallois et bretons sont d'abord et surtout des abbés (saint **Cadoc**, saint **David**, sainte **Gwendoline**, saint **Guénolé**). En revanche, ces monastères, devenant siège d'évêché, les traditions postérieures transformeront ces fondateurs de monastères en évêques, notamment en Bretagne (saint **Tudual**, saint **Brieuc**).

Toutefois, c'est sur d'autres points que se focalisent, du VIe au VIIIe siècle, les conflits entre christianisme romain et celtique.

Le conflit porte notamment sur l'austérité des pratiques monastiques irlandaises, qui paraissent en contradiction avec la modération bénédictine, et les font taxer de pélagianisme. La Grande-Bretagne du IVe siècle a vu la naissance de Pélage. Sa doctrine, qui défend l'importance des oeuvres de l'homme comme instrument de son salut, sera vivement combattue par saint Augustin. Si les moines irlandais s'en défendent toujours, leurs adversaires leur ont souvent prêté une certaines proximité avec ces thèses. Leurs austérités exceptionnelles, notamment leur pratique de prières immobiles les bras en croix pendant des heures (saint **Kevin**), des pénitentiels excessivement précis, notamment celui de saint Colomban (**Colman**), les ont fait soupçonner de vouloir obtenir leur salut par leurs oeuvres. Le conflit porte également sur la forme de la tonsure des moines et, surtout, sur la date de célébration de Pâques. Quoique la date celtique trouve plusieurs défenseurs, dont le plus ardent est probablement saint Colomban (**Colman**), l'église celtique finit par se rallier sous la pression de l'église, et notamment par l'influence de saint **Laserian**, saint Cummian (**Coman**) ou saint Adamnan (**Eunan**), au reste de l'Église.

Le conflit, ou l'incompréhension porte enfin sur l'errance des prêtres et religieux celtiques, qui s'oppose (comme le montre le conflit entre saint **Fergal** et saint Boniface, ou les lettres que saint **Melaine** envoie à des prêtres bretons), à la stabilité des institutions romaines sur lesquelles l'église s'est établie. Ces errances obéissent principalement à deux préoccupations : accompagner et encadrer leurs compatriotes migrants, et évangéliser des populations étrangères.

La première préoccupation - l'encadrement de populations migrantes - correspond aux deux grands mouvements de migrations des Celtes au début du Moyen-Age. Les Irlandais (**Scott**), conduit notamment par **Fergus** mac Erca, vers le nord de la Grande-Bretagne, forment le royaume de Dalriada, puis, mêlés aux Pictes, aux Bretons du Strathclyde et aux Northumbriens, formeront l'Ecosse. Saint Colomba (**Malcolm**), saint **Comgan**, saint Chattan (**Cathan**), saint **Donan**, accompagnent ce mouvement. Les Bretons de Grande-Bretagne, notamment les *Dumnonii* (**Davan**) et les *Cornovii*, conduits vers l'Armorique par **Conan** Mériadec, forment notamment les royaumes de Cornouaille et de Domnonée, qui, unis aux provinces occidentales de la Gaule, formeront la Bretagne actuelle. Saint **Armel**, saint **Brieuc**, saint **Guénolé**, saint **Malo**, saint **Tudual**, notamment, accompagnent cette migration.

La seconde préoccupation - l'évangélisation de populations étrangères - conduit les moines irlandais dans l'ensemble de l'Europe. C'est ainsi que Saint **Aidan** de Lindisfarne et son successeur saint **Finan**, saint Cedde (**Cédric**), saint **Chad**, entreprennent l'évangélisation des Angles et des Saxons, que les habitants antérieurs de la Grande-Bretagne, déjà christianisés, refusaient de considérer autrement que comme des ennemis. Ils sont, sans doute plus que l'église romaine de Cantorbéry, les vrais évangélisateurs de ces populations. Ils se répandent également vers le nord et l'est de la Gaule : saint Aubeu (**Alby**) à Wancourt, saint **Feuillan** à Fosse, saint **Gobain** à Saint-Gobain, saint **Killian** à Aubigny, saint Fursy et saint **Ultan** à Péronne, saint **Fiacre** en Brie, saint Ursan (**Art**) à Lausanne. Ils évangélisent aussi les pays germaniques : saint Coloman (**Colman**) et saint **Killian** en Bavière, sainte **Dymphna** près d'Anvers, saint **Gall** en Suisse, saint **Finan** à Shaffhausen, saint **Fergal** à Salzbourg. Ils prennent également, souvent dans le cadre d'un pèlerinage à Rome ou en Terre sainte, la direction de l'Italie : saint Ours (**Art**) à Aoste, saint Dino (**Donagh**) à Fiesole, saint **Catald** à Tarente. Saint Colomban (**Colman**), enfin, dont l'action se répand de la Gaule (Luxeuil), à l'Allemagne (Bregenz) et l'Italie (Bobbio), contribue plus que tout autre à répandre en Europe les formes de spiritualité celtiques.

C'est en partie cette préoccupation d'évangélisation qui conduit saint **Brendan** le navigateur bien au-delà de tous ceux qui l'ont précédé, mais dans ce cas l'histoire et la religion rejoignent le mythe.

Les mythologies et les littératures celtiques

Les mythologies celtiques ont inspiré la "matière de Bretagne", principale source de la littérature médiévale, et, la littérature "ossianique", réinventée par Macpherson, une des premières manifestations du romantisme européen.

Certains dieux antiques ont laissé des traces dans les prénoms celtiques, notamment les dieux gaulois Teutatès (**Tudual**, **Tudor**), Gobanos (**Gobain**), Lug et Belenos (**Llewelyn**).

Les références mythologiques les plus nombreuses qu'on peut retrouver dans les prénoms celtiques appartiennent aux littératures mythologiques irlandaises et galloises.

Parmi les prénoms irlandais, plusieurs rappellent des personnages du *Livre de Invasions* (**Donn**, **Erin**, **Anne**) ou du *cycle d'Oengus et d'Etain* (**Enia**, **Angus**, **Etain**), ou du *cycle des rois* (**Art**, **Conn**, **Cormac**, **Neil**). Ils rappellent aussi parfois les deux plus célèbres cycles mythologiques irlandais : le *cycle de la Branche Rouge*, ou *d'Ulster* (**Connor**, **Eavan**, **Conlay**, **Maeve**, **Deirdre**) et le cycle ossianique, grand succès populaire récupéré au XVIIIe siècle par Macpherson (**Finn**, **Grania**, **Diarmaid**, **Oscar**). Ils rappellent enfin les *Imrama*, voyages merveilleux, aux confins de la mythologie et du merveilleux chrétien (**Bran**, **Brendan**).

Les prénoms gallois rappellent souvent des personnages des récits mythologiques retracés dans le *Mabinogi*, de la première branche (**Rhiannon**), la seconde (**Bran**, **Branwen**), la troisième (**Cadwal**, **Rhiannon**) ou la quatrième (**Arianrhod**, **Blodeuwez**, **Dylan**), ou du conte médiéval *Kulwuch et Olwen* (**Gwenn**, **Olwen**).

Toutefois, les personnages celtiques, à mi-chemin de la mythologie, de la littérature et de l'histoire qui ont la plus forte présence dans la littérature occidentale sont certainement ceux qui appartiennent au cycle arthurien, qu'ils appartiennent au corpus central (**Arthur**, **Jennifer**, **Gauvain**, **Morgane**, **Viviane**) ou bien qu'ils relèvent de cycles latéraux comme le cycle du Graal (**Alain**, **Angharad**, **Gauvain**) et le cycle tristanien (**Tristan**, **Blodwen**, **Branwen**), ou des autres grands romans de chevalerie médiévaux (**Caradoc**, **Gereint**, **Enide**, **Mériadoc**, **Yvain**, **Urien**).

A

Aidan

Prénom masculin, dérivé du prénom gaélique irlandais Aodán, forme diminutive du prénom Aodh, à rapprocher du gaulois *aeduo*, feu. Variantes : Aodhan, Aedan, Aiden, Edan, Aodhagan, Iagan, Egan.

Saint Aidan, connu aussi sous le nom de saint Madoc, irlandais du VIe siècle, devient moine à Menevia, au Pays de Galles, sous la direction de saint David. De retour en Irlande, il devient le premier évêque de Ferns (Wexford). On lui attribue de grandes austérités, comme un jeûne de pain d'orge et d'eau pendant sept ans, et la récitation quotidienne de 500 psaumes. ***Fête le 31 janvier.***

Saint Aidan est moine à Iona (voir le prénom Malcolm) quand, vers 635, Oswald, roi de Northumbrie, demande aux moines irlandais d'Iona d'évangéliser ses compatriotes ; après l'échec d'un moine trop rigide, Aidan se porte volontaire pour reprendre la mission. Il s'installe, avec d'autres moines venus d'Iona, à Lindisfarne (Northumberland), une île reliée à la côte, à marée basse, par une levée de terrain. Elle deviendra l'"île sainte", et le berceau du christianisme dans le nord-est de l'Angleterre. C'est une pépinière de religieux, qui contribue, probablement plus que l'archevêché de Canterbury, à l'évangélisation des Angles et des Saxons. ***Fête le 31 août.***

Aislinn

Prénom féminin irlandais, du vieil irlandais *aislinge*, rêve, vision. Variantes anglaises : Aisling, Ashlin, Ashling, Isleeen.

Alain

Prénom masculin, peut-être dérivé des *Alani*, Alains, peuple d'origine iranienne, dont un groupe s'installe dans la région de la Loire au début du Ve siècle, où il se serait fondu avec des Bretons ;

on rattache parfois le nom de ce peuple au grec alemon, vagabond. Le prénom pourrait aussi être d'origine celtique ; *alan* qualifie divers animaux sauvages au pelage roux ; la forme galloise Alun est le nom de la rivière qui passe à Saint David's, métropole religieuse du Pays de Galles, nom à rapprocher du gaulois *alauna*, noms de rivières, lui même dérivé de *ala*, nourricier. Variantes : Alan (breton, anglais), Ailean (gaélique écossais).

Saint Alain de Corlay aurait été évêque de Quimper au VIe siècle. ***Fête le 26 octobre.***

Le bienheureux Alain de la Roche, au XVe siècle, naît en Bretagne et entre chez les dominicains à Dinan ; il étudie puis enseigne à Paris. Il propage la dévotion mariale en France, en Allemagne et aux Pays-Bas. ***Fête le 9 septembre.***

Alun de Dyfed est mentionné dans trois contes médiévaux gallois : *Kulhwch et Olwen*, le *Songe de Ronabwy*, et *Gereint, fils d'Erbin*.

Alain le Gros, dans le cycle arthurien, notamment dans le *Roman de l'Estoire dou Graal*, de Robert de Boron, est le fils de Joseph d'Arimathie et frère cadet de Josèphé auquel il succède comme gardien du Graal. Le poisson qu'il pêche suffit à rassasier un grand nombre d'individus, ce qui lui vaut son surnom de Riche Pêcheur.

Un roi et plusieurs ducs de Bretagne ont porté ce prénom : Alain le Grand est le troisième roi de Bretagne, à la fin du IXe siècle ; Alain Barbe-Torte, premier duc de Bretagne, combat victorieusement les Vikings au Xe siècle ; Alain IV Fergent, qui participe à la première croisade en 1096, est le dernier duc bretonnant. Les nobles Bretons accompagnant Guillaume le Conquérant dans sa conquête de l'Angleterre ont contribué à répandre le prénom outre-Manche, notamment Alain le Roux, neveu du duc de Bretagne Alain III, qui obtient le comté de Richmond, dans le Yorkshire, Alain de Porhoët, et Alain Fitzflaad de Dol, ancêtre des Ftzalan et des Stuart, d'où sort la famille royale d'Ecosse.

Alan Stivell, né en 1944, chanteur et musicien, adapte les mélodies bretonnes au courant international de la musique folk, et l'ouvre à un large public breton, français et étranger.

Alban

Prénom masculin, à rapprocher du gaulois *alpa*, montagne, rocher, souvent confondu avec le latin *albus*, blanc, qui a donné son nom aux Alpes, et à Albion, la Grande-Bretagne, suivi du diminutif *an* ; Albanwr, en gallois, signifie Ecossais. Variantes masculines : Albin, Aubin (français). Variantes féminines : Albany, Albina, Albine .

Saint Alban, à la fin du IIIe siècle, est un soldat païen de Verulamium (aujourd'hui Saint Alban, au nord de Londres) qui a caché dans sa maison un prêtre chrétien. Il se fait passer pour le prêtre et subit le martyre, probablement en 287. ***Fête le 20 juin.***

Saint Albin, ou Alpin succède à saint Juste sur le siège épiscopal de Lyon en 381, construit l'église Saint-Etienne et en fait sa cathédrale, et meurt en 390. ***Fête le 15 septembre.***

Saint Aubin, moine, puis abbé pendant 25 ans dans un monastère près de Guérande (44) devient, en 519, évêque d'Angers. ***Fête le 1er mars.***

Alby

Prénom masculin ou féminin d'origine irlandaise, à rapprocher du gaulois *alpa*, montagne, rocher (irlandais *alp*, *ailp*, protubérance). Variantes masculines : Ailbhe, Ailbhis (irlandais), Alby, Alvy, Elvis (anglais). Variantes féminines : Ailbhe (irlandais), Alby, Alvy, Elva (anglais).

Saint Ailbe, au Ve siècle en Irlande, aurait été un enfant abandonné sous une pierre et nourri par une louve. Il serait l'un des quatre évêques que saint Patrick aurait rencontrés au cours de son oeuvre d'évangélisation de l'Irlande. Il aurait fondé le siège d'Imlech, Emly (Tipperary), qui serait le plus ancien siège épiscopal d'Irlande. ***Fête le 12 septembre.***

Saint Aubeu, moine irlandais, est l'un des compagnons des saints Fursy, Feuillen et Ultan, trois frères venus évangéliser l'Artois et les régions voisines au VIIe siècle. Mort à Laon vers 690, il est honoré dans l'église qui lui est dédiée à Wancourt, au sud-est d'Arras, près d'une source qui a jailli à sa prière pour guérir de la fièvre. ***Fête le 22 novembre.***

Elvis Presley (1935-1977) est un chanteur de rock américain d'une popularité exceptionnelle.

Alva

Prénom féminin, dérivé du prénom gaélique irlandais Almha, de sens inconnu, qui a été assimilé au latin *alma*, âme.

Almha était une déesse celtique, l'une des Thuata dé Danann, qui a donné son nom à la forteresse d'Amu, dans le Leinster (Irlande).

Aneurin

Prénom masculin gallois, dont le sens doit sans doute être relié au gaélique *nár*, noble, modeste, avec le préfixe intensif *an*. Variantes : Aneirin, Nye (diminutif)

Aneirin était un poète gallois du VIe siècle. Le livre d'Aneurin, du XIIIe siècle, inclut notamment les *Gododdin*, une longue oeuvre sur la défaite des Celtes de Grande-Bretagne.

Aneurin Bevan (1897-1960), ministre britannique de la santé de 1945 à 1951, a contribué à mettre en place le Service national de Santé.

Angharad

Prénom féminin gallois, du gallois *an*, préfixe intensif, et *caru*, aimé (à rapprocher du gaulois *cara*, ami, aimé).

Angharad Law-Eurawc (aux mains d'or), dans le roman gallois médiéval *Peredur fils d'Evrawc* est une jeune fille de la cour du roi Arthur dont Peredur est amoureux.

Angus

Prénom masculin, du gaélique *aon*, unique, et *gus*, choix (à rapprocher du latin *gustus*). Variantes : Aonghus (irlandais), Aonghas (écossais), Angie (diminutif).

Oengus est le dieu irlandais de l'amour de très belle apparence et entouré d'oiseaux.

Saint Macanisius, dont le vrai nom est Oengus Mac Nisse, au Ve siècle, en Irlande, a une telle vénération pour l'Ecriture qu'il porte son livre de cantique sur son dos, en se voûtant ou en se tenant à quatre pattes. ***Fête le 3 septembre.***

Saint Oengus, aux VIIIe et IXe siècles, pratique les habituelles austérités irlandaises de génuflexions répétitives, de récitations des psaumes -dont un tiers immergé dans l'eau froide-, et de jeûnes. Puis il rejoint le monastère de Tallacht, où il contribue, avec saint Maelruain (voir le prénom Maël) à la rédaction du plus ancien martyrologue irlandais. ***Fête le 11 mars.***

Le prénom présente une importance particulière en Ecosse. Angus est un ancien comté (région de Forfar, Tayside) de l'est de l'Ecosse, qui devrait son nom à un roi local du temps des Pictes. Aonghus Turimleach serait l'un des trois frères irlandais qui apportèrent en Ecosse la pierre de Scone. Angus Mac Fergus, roi des Pictes de 731 à 761, remporte plusieurs victoires sur les Scots (Irlandais du Dalriada), les Bretons du Strathclyde et les Saxons.

Anne

Prénom féminin, d'un nom hébreu qui signifie grâce. Probablement à cause d'une proximité phonétique, il se serait confondu avec Ana, (ou Dana, Anu, ou Danu) ; celle-ci, déesse celtique, est, en Irlande, la mère des Dieux, les *Thuata De Danan* (peuple de la déesse Dana) ; dans la mythologie galloise, sous le nom de Dôn, elle est notamment la mère d'Aranrhod (voir le prénom Arianrhod). Pour la même raison il aurait été confondu avec Áine, déesse irlandaise de l'amour et de la fertilité, dont le nom signifie brillance, chaleur. Variantes : Áine, Ana, Anu, Dana, Danu (irlandais), Anna, Annaig, Annick (breton).

Sainte Anne, la mère de la vierge, est la patronne de la Bretagne ; d'importants lieux de culte, pardons et pèlerinages lui sont consacrés, notamment à Sainte-Anne-la-Palud (29), et à Sainte-Anne d'Auray (56), le plus important pèlerinage de Bretagne. ***Fête le 26 juillet.***

Anne de Bretagne, fille de François II, dernier duc de Bretagne, épouse en 1491 le roi de France Charles VIII, et après la mort de celui en 1498, son successeur Louis XII. Ces mariages conduiront au rattachement de la Bretagne à la France.

Aodh

Prénom masculin irlandais, à rapprocher du gaulois *aeduo*, feu. Variantes : Aed.

Ce prénom est porté par plusieurs rois irlandais, parmi lesquels Aed Ruadh, père de la reine Macha, Aed Mac Ainmirech (haut-roi de 572 à 598), et Aed Allan (haut-roi de 734 à 743).

Saint Aed Macbricc, irlandais du VIe siècle, membre du clan des O'Neill, est célèbre pour son habileté en médecine. Il fonde des monastères dans le Meath et le Munster et meurt en 588. Un pèlerinage à Slieve League (Donegal), à son ermitage, continue d'exister. ***Fête le 10 novembre.***

Ardal

Prénom masculin irlandais, à rapprocher du gaulois *arto*, ours, ou *ardu*, haut, et *gala*, valeur. Variantes : Ardgal, Ardghal.

Arianell

Prénom féminin gallois, de *arian* (à rapprocher du gaulois *argenton*), argent, et hael, généreux. Variante : Argantael (breton).

Arianrhod

Prénom féminin gallois, de *aran* grand, rond (réinterprété plus tard en *arian*, argent, à rapprocher du gaulois *argenton*), et *rod*, cercle, roue (d'une forme à rapprocher du gaulois *roto*).

Aranrhod, dans la quatrième branche du *Mabinogi*, est la nièce de Math, roi de Gwynedd (nord-ouest du Pays de Galles), qui ne peut dormir que si ses pieds reposent dans le giron d'une vierge. Aranrhod est appelée à assurer cette tâche, mais Math, pour contrôler sa virginité, la contraint de sauter par-dessus sa baguette magique. Elle accouche sur-le-champ de deux enfants, dont l'un, Dylan (voir ce prénom), s'échappe et disparaît dans la mer et l'autre, Lleu, sera l'époux de Blodeuwedd (voir ce prénom).

Arianwen

Prénom féminin gallois, à rapprocher du gaulois *argento*, argent, et *vindo*, blanc.

Armel

Prénom masculin, à rapprocher du gaulois *arto*, ours, guerrier (voir le prénom Arthur), et *maglo*, prince. Variantes : Armelle (forme française féminine), Arzhel, Arzhvael (formes bretonnes).

Saint Armel, né au sud du pays de Galles, fonde un monastère à Plouarzel au VIe siècle. Ses pouvoirs de thaumaturge le rendent célèbre ; le roi des Francs Childebert Ier l'appelle à sa cour, puis lui donne le territoire de Saint-Armel-des-Boschauts (35), où il fonde un autre monastère. Près de la forêt du Teil, il dompte un dragon et lui ordonne de disparaître dans la Seiche. Son culte s'est répandu dans l'ouest de la France, puis en Angleterre, parce que le roi Henry VII croyait que l'intercession de saint Armel l'avait sauvé d'un naufrage au large de la Bretagne. ***Fête le 16 août.***

Armelle Nicolas, dite «la bonne Armelle», mène, au XVIIe siècle près de Ploërmel une vie mystique faite de visions, d'extases et de souffrances. Après sa mort, le 24 octobre 1671, un culte entoure ses reliques.

Armel Beaufils (1882-1952), sculpteur breton du début du XXe siècle a peuplé la côte nord de la Bretagne de monuments célébrant des personnages de l'histoire bretonne.

Art

Prénom masculin irlandais, à rapprocher du gaulois *arto*, ours. Sous sa forme moderne, il s'agit souvent d'un diminutif d'Arthur. Dérivés : Artan, Artin, Artigan, Arthur (voir ce prénom).

Art, personnage mi-légendaire, mi historique, est le fils du roi Conn au cent batailles. Son père l'exile, car sa seconde femme est amoureuse de lui. A son retour, il succède à son père et aurait régné de 220 à 250. Il est le père de Cormac (voir ce prénom) Mac Airt, qu'il engendre la nuit précédant la bataille où il est tué.

Saint Ours quitte l'Irlande dans la seconde moitié du VIe siècle. Il passe quelques années dans la région de Digne avant de traverser les Alpes jusqu'à Aoste. Il en devient l'évêque et résiste aux Lombards ariens. ***Fête le 1er février.***

Saint Ursan, disciple de saint Colomban, laisse son maître poursuivre sa route et se fixe dans les montagnes du Jura pour y vivre en ermite au VIIe siècle. Il est à l'origine de plusieurs monastères, dont celui de Lausanne et probablement celui de Sainte-Ursanne, dans le canton de Vaud. ***Fête le 20 décembre.***

Arthur

Prénom masculin, d'un élément à rapprocher du gaulois *arto*, ours, guerrier (à rapprocher du gallois *arth*, du breton *arzh*, de l'irlandais *art*, et du grec *arktos ;* l'ours a longtemps été considéré comme le roi des animaux, avant que le lion ne le supplante. Variantes : Artus (forme française archaïque), Arzhul (breton), Artair (écossais)

Saint Arthur de Glastonbury est un catholique anglais du XVIe siècle, martyr du schisme anglican. ***Fête le 15 novembre.***

Arthur est le plus célèbre des héros celtiques, et le plus célèbre des héros de la littérature médiévale occidentale. Le modèle historique le plus probable est Arthur, chef des Bretons du nord de la Grande-Bretagne, qui, au VIe siècle aurait réuni plusieurs tribus celtes, pour lutter contre les envahisseurs angles et saxons. Il apparaît dans l'*Histoire des Bretons*, qui pourrait dater du début du IXe siècle, comme un chef de guerre qui tue 960 ennemis au cours d'une bataille. Geoffroy de Monmouth, dans son *Histoire des rois de Bretagne*, de 1135 mentionne pour la première fois les éléments principaux de la légende arthurienne et met à la mode la "matière de Bretagne". Wace, Chrétien de Troyes, Wolfram von Eschenbach, Malory, s'en inspirent largement. Arthur, fils du roi de Grande-Bretagne, caché et élevé par Merlin, arrache à quinze ans une épée magique d'une pierre, ce qui le désigne pour la royauté. Il entreprend des conquêtes jusqu'en Gaule. Il épouse Guenièvre. Contraint de déclarer la guerre aux Romains qui le menacent, il confie la régence à son neveu Mordret, qui le trahit. Il repasse la mer, et, au cours d'une bataille, Mordret est tué et Arthur blessé. Sa soeur Morgane le transporte sur l'île d'Avallon, d'où la légende veut qu'il puisse revenir pour restaurer son royaume.

C'est le prénom de trois ducs de Bretagne. Arthur Ier, fils posthume de Geoffroy II d'Anjou, dispute vainement le trône d'Angleterre à son oncle Jean sans Terre ; emprisonné, il est tué en 1203 ; cet événement contribue à déconsidérer Jean sans Terre et à la perte de ses domaines de l'ouest de la France. Arthur III, compagnon de Jeanne d'Arc, remporte en 1450 la victoire de Formigny qui chasse les Anglais de Normandie, et est duc de 1457 à 1458.

Arthur et redevenu populaire au XIXe siècle en Angleterre grâce notamment à Arthur Wellesley (1769-1852), duc de Wellington, vainqueur de la bataille de Waterloo, et aux *Idylles du roi*, de Tennyson ; les prénoms d'Arthur Conan Doyle (1859-1930), qui porte également un second prénom celtique, créateur de Sherlock Holmes, et de l'homme politique anglais Arthur Nelville Chamberlain (1869-1940) en témoignent. C'est aussi l'un des prénoms d'origine celtique les plus répandus dans le monde ; c'est celui du philosophe allemand Schopenauer (1788-1860), le poète français Rimbaud (1854-1891), l'écrivain hongrois Koestler (1905-1983), les pianistes autrichiens Schnabel (1882-1951) et Rubinstein (1887-1982), le compositeur suisse Honneger (1892-1955), le chef d'orchestre italien Toscanini (1867-1957).

Audren

Prénom masculin breton, à rapprocher du gaulois *alto*, hauteur, falaise, et une forme dérivée de *rigo*, roi. Variante : Aodren.

Saint Audren serait un fils de Salomon Ier, roi légendaire de Bretagne du Ve siècle, et aurait donné son nom à Chatelaudren. ***Fête le 7 février.***

Awen

Prénom féminin breton, à rapprocher du gaulois *geno*, né, avec un préfixe intensif, ce qui soulignerait la qualité de la naissance ; *awen* signifie inspiration poétique en breton moderne.

Azénor

Prénom féminin breton, du breton *enor*, honneur, avec préfixe *ad*. Il est parfois considéré comme une variante d'Eléonore. Variante : Enor.

Sainte Azénor, fille du roi de Brest épouse le roi de Goëlo Hoël II. Mais sa marâtre, jalouse de sa beauté, l'accuse d'adultère. Enceinte, elle échappe au bûcher et est jetée à la mer dans un tonneau. Elle erre cinq mois au gré des courants, guidée et nourrie par un ange ; elle met au monde un fils avec l'aide sainte Brigitte. Elle échoue sur la côte irlandaise, où l'enfant est baptisé Budoc ; il deviendra un grand saint breton. ***Fête le 7 décembre.***

B

Barry

Prénom masculin, à rapprocher du gaulois *barro*, colline, éminence, par l'intermédiaire du prénom gallois Barri, et du surnom irlandais Bairre, Barra, lui même une forme courte du prénom irlandais Finbar (voir ce prénom). C'est également une forme du prénom irlandais Bearach, du gaélique *berach*, pointu, tranchant.

Saint Barri, disciple de saint Cadoc, se fait ermite sur l'île Barry, dans le Glamorgan (sud du Pays de Galles). ***Fête le 27 septembre.***

Saint Bearach est un abbé irlandais du VIe siècle auquel on attribue plusieurs miracles. ***Fête le 15 février.***

Barry Edward O'Meara (1786-1836) est le médecin de Napoléon à Sainte-Hélène, écarté pour avoir pris trop ouvertement le parti de son patient.

Barry Lyndon est le personnage central du roman de William Makepeace Thackeray, *Mémoires de Barry Lyndon, du royaume d'Irlande* (1844), porté à l'écran par Stanley Kubrick (1975).

Blaine

Prénom masculin écossais, du gaélique écossais *blaan*, jaune.

Saint Blane, peut-être d'origine picte, naît vers 565 dans l'île de Bute, au débouché de la Clyde (Strathclyde, Écosse), où son oncle saint Cathan avait fondé le monastère de Kingarth. Il fait son éducation à Bangor, en Irlande sous la direction de saint Comgall et saint Kenneth. Il dirige le monastère de Kingarth et évangélise le Strahclyde, puis plus à l'est, où il fonde Dunblane (Central), en zone picte, où il passe ses dernières années. ***Fête le 11 août.***

Bleizian

Prénom masculin gallois, à rapprocher du gaulois *bledino*, loup (sans doute avec un diminutif. Variantes : Bleddian, Bleddyn, Bledri (formé avec *rig*, roi). La forme bretonne Bleiz, de *bleiz*, loup, correspond à une mauvaise traduction de Blois, du nom du bienheureux Charles de Blois (***Fête le 23 septembre***), qui dispute au XIVe siècle le duché de Bretagne aux Monfort, et a été confondue avec le prénom français Blaise. Ce prénom peut également être fêté avec saint Loup, évêque de Troyes qui accompagne saint Germain d'Auxerre en Grande-Bretagne en 429 (***Fête le 29 juillet***).

Blaise, dans la légende arthurienne, est le compagnon de Merlin qui met par écrit les aventures des chevaliers ; il correspond peut-être au loup gris qui accompagne parfois Merlin.

Blathin

Prénom féminin irlandais, à rapprocher du gaulois *blato*, fleur, avec un diminutif. Variantes : Bláthnait, Blánaid. Elle peut être fêtée avec sainte Flora (***Fête le 24 novembre***) ou sainte Fleur (***Fête le 5 octobre***).

Dans la mythologie irlandaise (*cycle de la Branche Rouge*), Blathnat est l'épouse du roi de Munster. Elle tombe amoureuse de Cuchalainn, et trahit son époux en indiquant au héros le moyen de pénétrer dans la forteresse. Au cours de la bataille, le roi est tué, et Cuchualainn enlève Blatnat, ainsi que le barde du roi. Celui profite d'une halte au sommet d'une falaise pour venger son maître : il saisit Blathnat et se précipite avec elle dans le vide.

Blodwen

Prénom féminin gallois, à rapprocher du gaulois *blato* (gallois *blodyn*), fleur, et *vindo*, blanc. Variantes : Bleuzenn, Bleunwen (breton).

Sainte Bleuenn est honorée à Peumeurit (29). Elle peut être fêtée avec sainte Flora (***Fête le 24 novembre***) ou sainte Fleur (***Fête le 5 octobre***).

Blanchefleur, dans *Tristant*, d'Eilhart d'Oberg, est la soeur du roi Marc et s'enfuit avec Rivalin alors qu'elle est enceinte ; elle meurt en mettant au monde Tristan.

Des personnages du nom de Blodwen apparaissent également dans *La citadelle* (1937), de A.J. Cronin, et *Qu'elle était verte ma vallée* (1939), de Richard Llewelyn.

Blodeuwez

Prénom féminin gallois, de *blodau* (à rapprocher du gaulois *blato*) fleurs, et *gwedd*, forme, apparence. Variante : Blodeuwedd.

Blodeuwedd apparaît dans la quatrième branche du *Mabinogi*. Maudit par sa mère Aranrhod (voir le prénom Arianrhod), Lleu ne peut, entre autres interdits, prendre une femme «de la race qui peuple la terre». Math et Gwydion fabriquent pour lui Blodeuwedd, une femme façonnée avec des primevères, de la reine des prés, des genêts, de l'aubépine, du trèfle blanc. Mais Blodeuwedd fait tuer Lleu par son amant. Gwydion se venge en la transformant en hibou.

Braden

Prénom masculin, du gaélique irlandais *bradain*, saumon, ou bien à rapprocher du gaulois *bratu*, jugement. Dérivé : Bradon, Brayden. Le saumon joue un rôle important dans la mythologie irlandaise, notamment le saumon de la connaissance mangé par Finn Mac Cool (voir le prénom Finn).

Saint Bradan est honoré dans l'île de Man. ***Fête le 20 octobre.***

Brady

Prénom masculin, forme anglaise du prénom irlandais Brádach, qui signifie peut-être vif, fougueux, plein d'entrain, ou bien est à rapprocher du gaulois *bratu*, jugement.

Bran

Prénom masculin irlandais et gallois, à rapprocher du gaulois *brano*, qui signifie corbeau. Le corbeau désignait un chef de guerre et avait comme nom de personne un caractère très élogieux. En Irlande, le corbeau était l'animal de Lug, principal dieu celte, assimilé à Mercure. Variante galloise : Brân. Dérivés irlandais : Branduff (forme du prénom Brandubh, qui signifie corbeau noir), Branigan, Brannan.

Saint Brannock, d'origine galloise, fonde le monastère de Braunton (Devon). ***Fête le 7 janvier.***

La similitude de Brennus et Brennos, les deux seuls personnages historiques de ce nom, laisse penser qu'il pourrait ne s'agir que des surnoms de chefs de guerre. Brennus (transcription latine), chef gaulois, défait, vers 387 avant notre ère, les Romains sur l'Allia, et prend Rome ; pour l'estimation de la rançon, il pose son épée sur la balance où se pesait l'or, pour en ajouter le poids à ceux des Gaulois que les Romains prétendaient truqués, et prononce son célèbre «Vae Victi» (malheur aux vaincus). Brennos (transcription grecque), en 279 avant notre ère, met la Thrace à sac, défait l'armée de Ptolémé Kéraunos, et, attiré par les richesses des trésors -dépôts sacrés des villes grecques - et des présents à l'oracle, s'apprête à piller Delphes ; mais les Etoliens le vainquent ; la tradition attribue cette défaite à Apollon lui-même qui fait pleuvoir des pierres sur les assaillants du haut des Phédriades, montagnes entourant le sanctuaire ; affaiblies, les troupes de Brennos font retraite ; Brennos, vaincu, s'égorge.

Deux personnages de la mythologie celtique portent ce nom.

Bran, fils de Fébal, héros irlandais, prend la mer avec trente-sept hommes, rencontre le dieu Manannan Mac Lir qui les guide, puis parvient à l'île de femmes. Ils y passent un an dans les plaisirs. Au bout d'un an, pris du mal du pays, ils décident de rentrer, malgré l'avertissement de la reine qui de ne pas mettre pied à terre. Au retour, un de ses hommes, oubliant la recommandation de la reine, saute sur la rive, se transforme en vieillard et tombe en poussière.

Bendigeit Vran, Bran le béni, héros gallois, est le fils du roi Llyr (dieu marin), et le frère de Branwen et de Manawydan. Il permet à Branwen d'épouser Matholwch, roi irlandais. Mais, en Irlande, Matholwch maltraite Branwen, et en fait une servante. Bran traverse la mer d'Irlande et vainc son beau-frère ; mais mortellement blessé par une lance empoisonnée, il ordonne à ses hommes de lui couper la tête, de l'emporter avec eux à la colline blanche (peut-être la Tour de Londres), et de l'y enterrer face à l'est afin qu'aucun pays étranger ne puisse envahir la Grande-Bretagne. Quelques siècles plus tard Arthur la fera enlever afin de demeurer le seul protecteur de l'île.

Bran de Lis (ou Brandelis), dans plusieurs romans du cycle arthurien (la *Seconde continuation du Graal*, *Durmart le Galois*, les

Merveilles de Rigomer, *Florian et Florette*, le *Roman de Claris et Laris*, le *Roman d'Escanor*), est un chevalier du roi Arthur. Fils de Noroiz ou Yder de Lis, et frère de la demoiselle Guilorete ; il combat Gauvain, qui a séduit sa soeur, puis se réconcilie avec lui.

Branwen

Prénom féminin gallois, à rapprocher du gaulois *brano*, corbeau, ou bien de *bronia*, sein, et *vindo*, blanc, sacré. Variante : Bronwen.

Branwen, dans la seconde branche du *Mabinogi*, est la soeur de Bran, roi de Grande-Bretagne, et de Manawydan. Elle épouse le roi d'Irlande, mais, influencé par son entourage, le roi la maltraite. Pendant trois ans, elle apprend à un passereau à reconnaître son frère Bran et l'envoie avec un message par-dessus la mer. Bran lève une armée et la délivre, mais meurt dans les combats. Elle meurt au retour, avant de toucher le sol de la Grande-Bretagne.

Bronwen Morgan est le principal personnage féminin de *Qu'elle était verte ma vallée* (1939), de Richard Llewellyn.

Brangaine est la suivante d'Iseult, dans la légende tristanienne.

Brendan

Prénom masculin irlandais et breton. L'étymologie est particulièrement incertaine ; il pourrait dériver d'un élément qu'on retrouve en gaulois sous la forme *brano,* corbeau. Variantes : Breandán (irlandais moderne), Brandon, Branton (surtout aux Etats-Unis). Le prénom féminin Brenda, probablement d'origine scandinave, est utilisé en Irlande comme forme féminine de Brendan.

Il y aurait 17 saints irlandais de ce nom, parmi lesquels deux sont restés célèbres.

Saint Brendan de Birr au VIe siècle est un ami et disciple de saint Columba (voir le prénom Malcolm) ; il intervient au synode de Meltown (Meath) contre son excommunication. ***Fête le 29 novembre***.

Saint Brendan de Clonfert, au VIe siècle est une sorte d'Ulysse chrétien. Ses voyages sont une source importante de la littérature médiévale et aurait même inspiré, plusieurs siècles plus tard en 1726, à un autre Irlandais célèbre, Jonathan Swift son *Voyage de Gulliver*. Le récit rapporte que, embarqué avec 17 moines, saint Brendan voyage d'île en île pendant 7 ans. Entre autres péripéties, il célèbre la messe sur le dos d'une baleine ; dans l'île aux oiseaux, un oiseau lui prédit qu'il devra voyager pendant sept ans ; il célèbre la messe pour des poissons aux écailles dorées ; puis il rencontre une île d'où l'eau s'échappe en fumant, puis des îles de cristal. Mystiques, ces navigations illustrent remarquablement la *peregrinatio pro deo* caractéristique du christianisme celtique ; le voyage par-delà les mers est une rupture et une renaissance, renoncement du moine à son être charnel et entrée dans la vie parfaite. Mythiques, ces navigations se rattachent à la tradition des *Immara*, voyages des épopées celtiques, qui relatent des voyages merveilleux à travers l'océan vers les îles du bonheur perpétuel, où le temps ne compte pas, où les femmes sont belles, où on reste éternellement jeune. ***Fête le 16 mai.***

Brendan Behan (1923-1964) est un auteur dramatique et nationaliste irlandais.

Brett

Prénom masculin anglais très populaire, d'un surnom qui, au Moyen-Age, désignait les Bretons arrivés en Angleterre avec Guillaume le Conquérant. Il était particulièrement commun en East Anglia, où les établissements bretons étaient concentrés.

Saint Bretannion, au IVe siècle, évêque de Tomes en Scytie, est exilé par l'empereur arien Valens, mais le peuple obtient son retour. ***Fête le 25 janvier.***

Saint Briton, au IVe siècle, évêque de Trèves, lutte contre les hérétiques priscillianistes. ***Fête le 5 mai.***

Brewal

Prénom masculin breton, à rapprocher du gaulois *brano*, corbeau, et *gala*, valeur, valeureux, ou bien forme du prénom Breavalaer, de *brano*, et du vieux breton *uualatr*, prince, chef. Variante : Branwalather (cornique).

Saint Brevalaer, au VIe siècle, serait le fils de Kenen, roi cornique. Il aurait travaillé avec saint Samson en Cornouailles et dans les Iles anglo-normandes et aurait été sacré évêque. Il est honoré, et souvent confondu, avec saint Brendan. Au Xe siècle, le roi Athelstane obtient ses reliques de moines bretons fuyant les Normands, et le donne au monastère de Milton (Dorset). ***Fête le 19 janvier.***

Brian

Prénom masculin irlandais et breton, sans doute une forme contractée de Briagan, d'un élément à rapprocher du gaulois *brigo*, digne, élevé, suivi d'un diminutif. Il aurait été introduit en Grande-Bretagne, notamment en East Anglia par des colons bretons arrivé dans le sillage de Guillaume le Conquérant, notamment Briant, fils d'Eude de Penthièvre et frère d'Alain (voir ce prénom) le Roux, qui exerce un commandement à la bataille d'Hasting en 1066. Féminin : Briana.

Saint Briac, né en Irlande, accompagne saint Tudual en Armorique au VIe siècle. Il fonde un monastère à Bourbriac (22). Thaumaturge, on l'invoque surtout contre l'épilepsie, la folie, la rage, depuis qu'il aurait pratiqué un exorcisme en pleine messe. ***Fête le 17 décembre.***

Brian Boru, héros irlandais, s'empare du royaume de Munster, puis, du titre de haut-roi de Tara. Il parvient, pour la première fois dans l'histoire de l'île, à maintenir l'unité de l'Irlande. En 1014, il remporte la bataille de Clontarf, mais est tué au soir de la bataille. Après sa mort, les divisions de l'Irlande reprennent.

Brice

Prénom masculin, du gaulois *brictio*, tacheté (probablement des taches de rousseur).

Saint Brice est évêque de Martole en Ombrie (Italie). Emprisonné pour sa foi sous Dioclétien, il meurt peu après vers 312. ***Fête le 9 juillet.***

Saint Brice, adolescent recueilli par saint Martin de Tours est élevé au monastère de Marmoutier à la fin du IVe siècle. Il entretient avec saint Martin des relations difficiles, qu'il traite de vieux fou superstitieux. Il lui succède cependant en 397 sur le siège épiscopal et mène une vie de grand seigneur ; il est accusé d'adultère et d'avoir eu un enfant d'une moniale. Vers 430, il échappe à un attentat, et s'enfuit à Rome où il reste sept ans. Il revient à Tours, transformé. Il passe les années qui restent dans une énergique activité apostolique et meurt en 444. ***Fête le 13 novembre.***

Brychan

Prénom masculin gallois, à rapprocher du gaulois *brictio* (gallois *brych*, vieil irlandais *brecc*), tacheté. Féminin cornique : Breaca.

Saint Brychan de Brycheinog (Breconshire, actuellement inclus dans le comté du Powys, dans l'est du Pays de Galles), est le père de plusieurs garçons et filles, dont beaucoup sont vénérés comme des saints, notamment en Cornwall ou en Devon. ***Fête le 6 avril.***

Sainte Breaca aurait été nonne à Kildare, et fondé Breage (Cornwall) vers 460. ***Fête le 4 juin.***

Brieuc

Prénom masculin, forme abrégée du nom celtique Brigomaglos, à rapprocher du gaulois *brigo*, digne, élevé, et *maglo*, grand. Variantes : Briavel (gallois), Brieg, Brioc, Brivael (breton), Briok, Breok (cornique).

Saint Brieuc au VIe siècle au Pays de Galles, reçoit d'un ange l'ordre d'aller évangéliser les populations d'Armorique. Il fonde un monastère à l'embouchure du Gouët, autour duquel naîtra la ville de Saint-Brieuc. Un soir, alors que des loups l'entourent, et que ses moines s'enfuient, il lève la main et les loups se prosternent. Il meurt presque centenaire. ***Fête le 1er mai.***

Saint Briavel est ermite près de Gloucester. ***Fête le 17 juin.***

Brigitte

Prénom féminin, à rapprocher du gaulois *brigo*, digne, élevé. Variantes : Brighid (gaélique irlandais), Ffraid (gallois), Berc'hed (breton), Bridget (anglais).

Sainte Brigitte naît vers 455 en Irlande. Elevée chez un druide, elle prend part aux tâches les plus basses, et en profite pour accomplir un de ses premiers miracles en multipliant le lait et le beurre pour les pauvres. Ayant fait voeux de virginité, elle n'échappe au mariage qu'en se défigurant. Pour le monastère qu'elle veut fonder, elle demande à un roi païen un terrain pour s'établir ; le roi lui répond avec mépris qu'elle aura droit à autant de terre que son manteau en peut couvrir. Brigitte étend son manteau, qui s'étend et recouvre une surface sans cesse plus large ; le roi lui demande d'arrêter et lui donne un terrain de bonne taille à Kildare. Comme l'institution avait besoin d'un évêque, elle persuade Conlaed, chef d'un groupe d'ermite des environs de recevoir la consécration épiscopale et de s'installer avec ses compagnons près du monastère de femmes. C'est le seul exemple irlandais de monastère double. Elle se trouve à la tête d'un réseau de couvents. Entre autres miracles, elle change régulièrement l'eau de son bain en bière pour rafraîchir les visiteurs. Elle meurt vers 525. Pendant trois siècles, Kildare reste le plus riche et le plus prestigieux monastère d'Irlande. Elle est la patronne de l'Irlande, avec saint Patrick aux reliques duquel les siennes seront réunies à Downpatrick. Elle est sans doute une christianisation de la déesse celtique Brigit, mère des arts (notamment les poètes, les forgerons et les médecins), assimilée par les Romains à Minerve. ***Fête le 1er février.***

Sainte Brigitte de Kilbride, vénérée dans le diocèse de Lismore, aurait été l'amie de saint Brigitte de Kildare. ***Fête le 21 janvier.***

Sainte Brigitte et Maura, soeurs jumelles, fille d'un chef écossais auraient subi le martyre en Picardie, sur la route d'un pèlerinage à Rome. ***Fête le 28 janvier.***

Sainte Brigitte (1303-1373) est la patronne de la Suède. ***Fête le 23 juillet.***

Brittanny

Prénom féminin, forme anglaise du mot *Bretagne* ; c'est, selon des statistiques partielles, le prénom le plus donné aux petites filles en 1990 aux Etats Unis.

Bruce

Prénom masculin écossais, à rapprocher du gaulois *bruco*, bruyère. Sa popularité lui vient d'une famille descendant d'un chevalier normand, compagnon de Guillaume le Conquérant, originaire de Brix, village situé au sud de Cherbourg, dont certains membres deviennent rois d'Ecosse au XIVe siècle : Robert Bruce (1210-1295), régent et candidat malheureux à la monarchie ; son petit-fils, Robert Ier, qui devient roi en 1306 et bat le roi Edouard II d'Angleterre à Bannockburn en 1314 ; David II, fils de Robert Ier, qui lui succède en 1329.

Bryn

Prénom masculin gallois, de *bryn*, colline (nom de lieu fréquent dans le Devon et le Somerset). Variante : Brent (anglais). Dérivés : Brinley, Brynley, Brynmor (avec *mawr*, à rapprocher du gaulois *maro*, grand).

Saint Brynach est un ermite du Ve siècle près de Nefyn (Gwynedd). ***Fête le 7 avril.***

C

Cadoc

Prénom masculin gallois, d'un élément à rapprocher du gaulois *catu*, combat. Variantes : Kado, Kadeg (breton).

Saint Cadoc, fils de sainte Gwladys (voir ce prénom) et du roi du Glamorgan (sud du Pays de Galles), naît vers 522. Dès sept ans, il suit l'enseignement d'un ermite, puis il fonde le monastère de Llancarvan ; il y bâtit un refuge pour y accueillir les pèlerins et les pauvres, et une école où saint Gildas et saint Ildut enseigneront. Il aurait voyagé en Irlande, dans le nord de la Grande-Bretagne et en Armorique. Dans l'île Cado, sur la rivière d'Etel, il édifie une digue le diable démonte chaque nuit ; un soir, un ouvrier, en fait le diable, lui propose son aide, contre l'engagement que la première créature vivante qui passerait sur le point le suive ; quand le diable réclame son dû, Cadoc pousse sur la digue un chat noir qui passe par là. Sur le chemin d'un pèlerinage à Rome, il serait mort évêque de Bénévent, en Italie, vers 570. ***Fête le 23 janvier.***

Cadoc de Cabruel, dans *Erec et Enide* de Chrétien de Troyes, est sauvé d'un géant par Erec. Cadoic, dans le *Bel Inconnu*, est un roi présent au tournoi de Valedon.

Cadwalader

Prénom masculin gallois, de *cad* (à rapprocher de l'élément à rapprocher du gaulois *catu*), combat, et *gwaladr*, chef, titre donné aux fils de roi. Variante : Cadwalladr.

Saint Cadwaladr est fils de Cadwallon, roi du pays de Galles au VIIe siècle. Vaincu par l'armée du Wessex, il renonce au monde. Il construit des églises, des hospices, se retire dans un monastère et meurt en soignant les malades, lors d'une épidémie, vers 664. Le dragon rouge de Cadwaladr est l'emblème du Pays de Galles. ***Fête le 12 novembre.***

Cameron

Prénom masculin sans doute du gaélique *cam*, crochu (à rapprocher du gaulois *cambo*), et *shron*, nez. C'était à l'origine, un nom écossais porté par un clan de Highlands.

Caradec

Prénom masculin breton, à rapprocher du gaulois *carataco*, amis, aimable, d'une forme probable *cara*, parent, ami. Variantes : Caradoc, Caradog, Caradawc (gallois), Karadeg (breton), Carasek (cornique), Cartach (irlandais).

Saint Cartach l'ancien, disciple de saint Patrick, a fondé plusieurs monastères en Irlande et aurait vécu 300 ans. ***Fête le 19 août.***

Saint Carthach le jeune, au VIIe siècle, fonde le monastère de Rahan (Offaly, Irlande) et écrit une règle versifiée pour qu'elle soit mieux retenue. Exilé de sa communauté, il fonde en 635 le monastère de Lismore, qui deviendra une grande école monastique, et meurt deux ans après la fondation. ***Fête le 14 mai.***

Saint Caradoc, harpiste gallois au service du roi Rhys ap Tewdwr, au XIe siècle devient moine à Llandaff, puis ermite dans la péninsule de Gower (West Glamorgan), et enfin dans l'île Barry (South Glamorgan). ***Fête le 13 avril.***

Caratacus, roi d'une fédération de Catuvelauni et de Trinovantes, résiste entre 42 et 50 à l'invasion romaine de la Grande-Bretagne. Vaincu, livré aux Romains, il suit à Rome le triomphe de Claude, qui le prend en grande estime, et y meurt vers 54.

Caradawc, dans la seconde branche du *Mabinogi*, est le fils de Bendigeit Bran (voir le prénom Bran). Quand Bran se rend en Irlande, Caradawc devient intendant de son royaume. Mais quand on apprend la mort de Bran, Casswallon le renverse.

Caradawc Vreichvras (au gros bras), compagnon d'Arthur est mentionné dans trois romans médiévaux gallois (le *Songe de Maxen*, le *Songe de Ronabwy*, et *Gereint fils d'Erbin*). Un Caradoc Brechbras est également connu en Armorique, et aurait été un chef local dans le Vannetais au VIe siècle. Le *Livre de Caradoc*, écrit à la fin du XIIe siècle s'en inspire : Caradoc Briebras, ayant voulu punir l'infidélité de sa mère à son père putatif, ses parents naturels se vengent de lui en enroulant un serpent autour de son bras, qui lui vaut son surnom.

Carentec

Prénom masculin breton, à rapprocher du gaulois *caranto*, parents, d'une forme probable *cara*, parent, ami. Variantes : Karenteg (breton), Carantoc (cornique).

Saint Carantoc, ou Cairnech en Irlande, à la fin du Ve siècle, aurait été disciple de saint Ninian. Il aurait engagé une mission chez les Pictes, puis dirigé un groupe de moines qui évangélise le centre des Cornouailles, et construit un monastère dans le Somerset. Etabli près de Vannes, il aurait instruit saint Tenenan (voir le prénom Ninian) Il protège les animaux et, un jour, sauve une biche traquée par les chiens du roi Hoël. ***Fête le 16 mai.***

Saint Caranus, au VIIe siècle, est commémoré dans le bréviaire d'Aberdeen (Grampion, Écosse). ***Fête le 24 décembre.***

Cari

Prénom féminin gallois, à rapprocher du gaulois *cara*, aimé. Variantes : Caryl, Carys.

Cary

Prénom masculin d'origine incertaine, peut-être du gaélique irlandais *croidhe*, coeur, ou *ciar*, noir. Variantes : Carey, Kary.

Casey

Prénom masculin ou féminin américain, dérivé du surnom irlandais Cathasach, signifiant vigilant, attentif. Variantes : Casy, Kacey.

Cassidy

Prénom féminin américain, du nom de famille irlandais O'Caiside, de sens inconnu. Variantes : Cassie, Cass.

Casvelyn

Prénom masculin cornique, à rapprocher du gaulois *catu*, combat, suivi de *Belenos*, dieu celte du soleil, ou bien *gala*, bravoure. Variante : Cadwal.

Cassivelaunus, roi des Trinovantes, attaque à plusieurs reprises César dans son action de conquête de la Bretagne insulaire (en 54 et 55). Il finit toutefois par se soumettre à lui, et César, qui craint une révolte de la Gaule, quitte la Bretagne avec toutes ses troupes.

Cadwallon, roi de Gwynned, s'allie avec Penda, roi païen de Mercie contre les Northumbriens, mais est tué en 635 près de Hexam, dans une défaite qui isole le futur Pays de Galles des autres terres celtiques de Grande-Bretagne.

Casswallon, dans la seconde branche du *Mabinogi* est le fils de Beli et l'oncle de Bran ; à la mort de ce dernier, il renverse son fils Caradawc, et devient roi de Bretagne insulaire.

Cathal

Prénom masculin irlandais, à rapprocher du gaulois *catu*, combat, et *gala*, bravoure. Variante : Cadwal (gallois).

Saint Catald, au VIIe ou VIIIe siècle, moine à Lismore en Irlande, part en pèlerinage en Terre sainte. Il s'arrête à Tarente, en Italie, et en devient évêque. ***Fête le 10 mai.***

Cadual, dans le *Roman de Brut*, est un roi de Nortgalois qui participe au second couronnement d'Arthur à Caerleon.

Cathan

Prénom masculin irlandais, à rapprocher du gaulois *catu*, suivie d'un diminutif. La forme anglaise Kane, est particulièrement populaire en Australie.

Saint Chattan, né en Irlande, émigre vers la région de la Clyde, où il fonde de nombreuses églises, dont celle de Kingarth, dans l'île de Bute. Son action s'inscrit dans la colonisation de l'ouest de l'Ecosse par les Irlandais et la constitution du royaume du Dalriada. Il est l'oncle de Blane, qu'il envoie faire son éducation auprès de Comgall de Bangor, avant de lui succéder à Kingarth. Il meurt et est enterré en Irlande du Nord. ***Fête le 17 mai.***

Cavan

Prénom masculin breton, à rapprocher du gaulois *catu*, combat, et *man* homme, ou bien *mandu*, cheval.

Catumandus, vers le IVe siècle avant notre ère, roi des Ségobriges, tribu celte ou ligure, assiège les Grecs de Marseille, mais, effrayé en rêve par Artemis, il fait la paix avec la ville.

Saint Catman, au Ve siècle, est un breton qui émigre au Pays de Galles, rassemble de nombreux disciples et fonde l'église de Towyn (Gwynedd), et le monastère de l'île Bardsey. ***Fête le 1er novembre.***

Cédric

Prénom masculin, peut-être à rapprocher du gaulois *catu*, combat, et *rig*, roi. Ce prénom a été forgé par Walter Scott pour le personnage de *Ivanhoe* (1819), Cédric de Rotherwood, tuteur de Rowena, dont le héros du roman est amoureux.

Saint Cedde est moine à Lindisfarne, quand, en 653, Penda, roi de Mercie, qui vient de se convertir, l'invite à évangéliser son peuple. On l'envoie ensuite en Essex, gouverné par Sigebert. Sa mission se révèle un succès et saint Finan (voir ce prénom) de Lindisfarne le consacre évêque des Saxons de l'Est. Il fonde des monastères à Bradwell-on-Sea et à Tilbury, puis à Lastingham, en Northumbrie. En 664, au concile de Witby, il se rallie au parti romain. Mais il succombe la même année à Lastigham d'une épidémie. ***Fête le 26 octobre ou le 7 janvier.***

Chad

Prénom masculin, probablement à rapprocher du gaulois *catu*.

Saint Chad, frère cadet de saint Cedde (voir le prénom Cédric), est instruit à l'abbaye de Lindisfarne. En 664, à la mort de son frère, il dirige lc monastère de Lastingham. En 666, le roi Oswy de Northumbrie le désigne pour l'évêché d'York. Trois évêques, dont un accusé de simonie, et deux celtes partisans du comput irlandais de la fête de Pâques, le sacrent. En 669, Théodore de Canterbury juge irrégulière l'ordination de Chad, et lui retire l'évêché pour le donner à saint Wilfrid. Chad se soumet et se retire à Lastingham. Théodore, touché de cette humilité, le réordonne "à la manière catholique", et le désigne comme évêque du royaume de Mercie. Il fonde l'évêché de Lichfield, où il manifeste une grande austérité, et meurt en 672. ***Fête le 2 mars.***

Clina

Prénom féminin irlandais, du gaélique Clíodhna. Variante : Cliona.

Clídna, dans la mythologie irlandaise, est une déesse de la beauté de l'autre monde ; ses trois oiseaux magiques pouvaient, par leurs chants, endormir et soigner les malades. Donnée parfois comme reine des fées du Munster, elle vit dans un palais à Carraig Cliona, près de Mallow (Cork). Amoureuse d'un mortel, elle va vivre avec lui à Glandore (Cork) ; mais le dieu Manannan Mac Lir l'endort et envoie une vague qui la ramène dans le pays de fées.

Colleen

Prénom féminin, du gaélique irlandais *cailín*, jeune fille, ou bien de *caol*, svelte, étroit, et *fin* (à rapprocher du gaulois *vindo*), blanc. Le prénom n'est pas en usage en Irlande, mais est populaire aux Etats-Unis et en Australie.

Sainte Caeilainn, martyr du VIe siècle, est honorée à Roscommon. ***Fête le 3 février.***

Colman

Prénom masculin irlandais, du gaélique *colum*, colombe, suivi d'un diminutif. Variante : Coleman. Féminin : Colma.

Il y aurait plus de 300 saints irlandais de ce nom. Le plus célèbre est certainement saint Colomban, né vers 540, qui quitte l'Irlande vers 590, avec plusieurs moines, dont saint Gall (voir ce prénom). Il débarque en Armorique, et s'installe dans l'est de la Gaule, où il fonde successivement trois monastères, dont celui de Luxeuil. L'inimitié de rois mérovingiens, notamment celle de Thierry II de Bourgogne et de sa terrible grand mère Brunehaut, lui vaut d'être conduit à Nantes pour être renvoyé en Irlande ; il fait naufrage et revient ; en 611, il fonde un nouveau monastère à Bregenz, sur la côte orientale du lac de Constance. En 613, il traverse les Alpes, avec ses moines, sauf saint Gall, et établit un monastère à Bobbio, en Italie, où il meurt en 615. Par sa règle monastique et son pénitentiel d'une austérité irlandaise, par certains des usages les plus novateurs du monachisme irlandais, notamment la confession auriculaire, saint Colomban exerce une grande influence sur les moines venus se placer sous sa direction, et sur l'ensemble du monde mérovingien. ***Fête le 21 novembre.***

Saint Colman, moine à Iona, succède à saint Finan à Lindisfarne. En 664, au synode de Witby, il défend en vain la date irlandaise de Pâques. Il refuse de s'incliner et rentre à Iona avec les reliques de saint Aidan. ***Fête le 18 février.***

Saint Colman, au VIe siècle, fonde le monastère de Dromore (Down) et est le maître de saint Finnian de Clonard. ***Fête le 7 juin.***

Saint Coloman travaille à l'évangélisation des bavarois avec saint Killian (voir ce prénom) et disparaît comme lui en 689. ***Fête le 8 juillet.***

Saint Colomban, reclus irlandais, vit en reclus près de l'église Saint-Bavon, à Gand, et y meurt en 959. ***Fête le 2 février.***

Saint Coloman, pèlerin irlandais en route pour la Terre Sainte, arrêté comme espion et pendu près de Stockerau, près de Vienne vers 1012, est particulièrement vénéré en Hongrie. ***Fête le 13 octobre.***

Coman

Prénom masculin irlandais, forme diminutive de *cam*, penché, tordu. Variantes : Cuimín (gaélique irlandais), Comyn, Cumin. Féminin : Comnait.

Saint Cummian, au VIIe siècle, est, avec saint Lassérian, un ardent promoteur des rites romains en Irlande, notamment en ce qui concerne la date de Pâques. Il meurt en 662. ***Fête le 12 novembre.***

Comgal

Prénom masculin irlandais, de *comh* (à rapprocher du gaulois *com*), ensemble, et *gall*, gage, promesse. Variantes : Comhgall (gaélique irlandais), Cowall, Cole.

Saint Comgall, peut-être d'origine picte, est l'élève de Fintan (voir ce prénom) de Clonemagh. Vers 555, il fonde la célèbre abbaye de Bangor, près de Belfast (Down), où sera notamment formé saint Colomban (voir le prénom Malcolm), et dont saint Malachie sera supérieur au XIIe siècle. En 564, il aurait accompagné saint Colomba dans sa mission d'évangélisation des Pictes à la cour du roi Brude. Il meurt vers 603. ***Fête le 10 mai.***

Comgan

Prénom masculin irlandais, à rapprocher du gaulois *com*, ensemble, *geno*, né ; le prénom semble se référer à des jumeaux. Variantes : Comhgán (gaélique irlandais), Cowan (manx), Congan, Coan.

Saint Comgan, au VIIIe siècle, est un irlandais exilé dans le Nord de la Grande-Bretagne, avec sa soeur sainte Kentigerne et son neveu saint Fillan. Il s'installe à Lochalsh, près de Skye, et y fonde un monastère. Fillan l'enterre à Iona, et construit une église en son honneur. ***Fête le 13 octobre***.

Conall

Prénom masculin irlandais, à rapprocher du gaulois *cuno*, dotée de plusieurs sens, dont chien, guerrier, chef, et *gala*, valeur, valeureux.

Nom de plusieurs héros mythologiques irlandais, parmi lesquels Conall Cearnach (le victorieux), dans le *cycle de la Branche rouge*, frère de lait de Cuchulainn, qu'il venge en rattrapant l'armée de la reine Medb et en massacrant les meurtriers, puis en punissant l'un après l'autre tous les alliés de la reine Medb.

Trois personnages du nom de Cynwal sont cités dans le conte médiéval gallois *Kulhwuch et Olwen.*

Saint Cunwal serait le second successeur de Tudual au siège épiscopal de Tréguier, vers la fin du VIe siècle. ***Fête le 1er avril.***

Conan

Prénom masculin irlandais et breton, d'un élément à rapprocher du gaulois *cuno* doté de plusieurs sens, dont chien, guerrier, chef, suivi d'un diminutif. Variantes : Cónán, Cuán (gaélique irlandais), Cynan (gallois), Konan (breton).

Saint Conan, abbé irlandais du VIIe siècle aurait contribué à l'éducation de saint Fiacre et aurait évangélisé les Hébrides et l'île de Man. ***Fête le 26 janvier.***

Conan Mériadec, personnage légendaire, aurait été le second de Maxime général romain proclamé empereur au IVe siècle, qui aurait fait don à Conan Mériadec de l'Armorique avec le titre de roi ; après avoir pris Rennes et massacré tous les habitants de sexe masculin de la région, il aurait reçu de Maxime 30 000 guerriers et 100 000 civils venus de l'île de Bretagne, avec lesquels il peuple sa conquête. Quatre ducs de Bretagne portent ce prénom, du Xe siècle au XIIe siècle.

Conlay

Prénom masculin irlandais, à rapprocher du gaulois *cuno*, chien, chef, et *ulati*, seigneur.

Saint Conleth est un ermite et forgeron irlandais que sainte Brigitte associe à la fondation du monastère de Kildare, et qui en est le premier évêque. Il entreprend, contre l'avis de sainte Brigitte, un voyage à Rome, au cours duquel des loups le dévorent, vers 520. Il est le patron de Saint-Coulitz, commune du Finistère. ***Fête le 10 mai.***

Conlai, personnage mythologique irlandais, est le fils de Cuchulainn, et de Aoife (voir le prénom Eavan), qui l'élève loin de son père. Quand Conlai le défie au combat, Cuchulainn ne le reconnaît pas et le tue. Il ne comprend son erreur que quand il aperçoit sur le corps de son fils l'anneau d'or qu'il avait donné à Aoife.

Conn

Prénom masculin irlandais, à rapprocher du gaulois *cuno*, chien.

Conn aux cent batailles, roi irlandais mi-historique, mi-légendaire qui aurait régné de 166 à 212. Son règne est extrêmement prospère. Agé, il se remarie, et bannit son fils Art (voir ce prénom), rival possible. Dès lors la sécheresse et la famine s'abattent sur le pays. Il est tué par les Ulates, au cours d'un banquet. Son second fils Art lui succède. Il aurait donné son nom à la province du Connaught (de Connachta, descendants de Conn)

Connor

Prénom masculin irlandais, dérivé de Conchobar, du gaélique *con*, chien (à rapprocher du gaulois *cuno*), et du gaélique *cobar*, désirant ; il y a probablement une confusion avec un autre nom d'origine celtique, formé de *cuno*, et *mori*, mer, ou *maro*, grand. Variante irlandaise : Conchúr.

Conchobar Mac Nessa, qui aurait vécu au début de l'ère chrétienne, est l'un des personnages les plus importants de la mythologie irlandaise ; c'est autour de lui et de son champion Cuchulain que s'articule le *cycle d'Ulster* ou de *la Branche Rouge*. Ness, sa mère, convoitée par Fergus (voir ce prénom), n'accepte de l'épouser qu'à condition qu'il laisse Conchobar régner un an sur l'Ulster. Elle apprend à son fils à devenir un grand souverain, si bien qu'au bout d'un an, le peuple d'Ulster refuse le départ de Conchobar. Il est l'un des époux de la reine Medb (voir le prénom Maeve). A la naissance de Deirdre (voir ce prénom), Conchobar décide de se la réserver pour femme ; mais Deidre préfère le jeune Naoise ; Conchobar fait exécuter celui-ci, et conserve Deirdre prisonnière, qui finit par se suicider. Une christianisation de sa légende le fait mourir de rage en apprenant la mort du Christ.

Conomore, personnage mi-historique, mi-légendaire, est une sorte de Barbe-Bleue armoricain du VIe siècle, roi de Domnonée (nord de la Bretagne), père de saint Trémeur (voir les prénoms Treveur et Hervé), parfois identifié avec le roi Marc de la légende tristanienne.

Corentin

Prénom masculin, forme française des prénoms Kaourantin (breton) et Corentyn (cornique), peut-être du gaulois *caranto*, parent, ami. Ce prénom, l'un des plus populaires de Bretagne, a servi à désigner les Bretons de manière condescendante.

Saint Corentin, ermite dans la forêt du Porzay, vers la fin Ve siècle, se nourrit chaque jour d'un poisson qui se présente dans la fontaine ; une fois remis à l'eau, l'arête redevient un poisson ; quand Corentin reçoit Gradlon avec sa suite, le poisson se multiplie pour nourrir tout le monde. Gradlon lui demande de devenir évêque de Quimper ; la ville sera longtemps nommée Quimper-Corentin en hommage au saint. Corentin est l'un des sept saints fondateurs de la Bretagne, et l'un des rares saints de son époque nés en Armorique, et non immigré de Grande-Bretagne. ***Fête le 12 décembre.***

Cormac

Prénom masculin irlandais, de *corb*, défilement, et *mac*, fils. Variante : Cormag (gaélique écossais).

Cormac mac Airt, est un héros mythologique irlandais. Elevé par une louve, il reconquiert le trône de Tara, contre un usurpateur qui avait détrôné son père (voir le prénom Art). Il règne probablement de 254 à 277, et entretien à son service Finn (voir ce prénom) Mac Cool et ses Fénians. Il possède notamment une coupe de vérité, donnée par Mananan, le dieu de la mer, qui servait aux ordalies : elle se brise si on dit trois mensonges, et se recolle si on dit trois vérités. Mais, blessé au visage, il devient incapable de régner, ayant perdu son intégrité physique. Sa réputation resta telle que les chrétiens l'adoptèrent, et on prétendit qu'il avait été initié à la religion chrétienne avant l'arrivée de saint Patrick.

Saint Cormac O Cuilleannáin, roi de Munster et évêque du Xe siècle, est l'auteur d'un important dictionnaire de la langue irlandaise, le plus ancien dictionnaire comparé européen de langue vernaculaire ; il entreprend également de poursuivre la rédaction du psautier de Cashel, commencé 400 ans plus tôt. Il est tué à la bataille de Ballaghmoon (908) alors qu'il tente de se faire reconnaître Haut Roi d'Irlande. ***Fête le 14 septembre.***

Craig

Prénom masculin écossais, dérivé de plusieurs noms de lieux en Ecosse nommés d'après *greag*, rocher.

Cronan

Prénom masculin irlandais, de *crón*, de peau sombre. Variantes : Crónán (gaélique irlandais), Croney, Cronin.

Saint Cronan de Roscrea (Tipperary, Irlande), au VIIe siècle, était si préoccupé de donner asile à ceux qui en avaient besoin qu'il transporte son monastère au bord de la route, après que des voyageurs de nuit ont échoué à le trouver parce qu'il en était situé trop loin. ***Fête le 28 avril.***

D

Dallan

Prénom masculin irlandais, de *dal*, aveugle, avec diminutif.

Saint Dallán Forfaill, dont le nom signifie l'aveugle éloquent, poète, auteur d'un hymne à saint Colomba, devient aveugle à force d'études ; des pirates le tuent en 598. ***Fête le 29 janvier.***

Darren

Prénom masculin américain, forme écourtée du prénom irlandais Macdara, à rapprocher du gaulois *mapono* (irlandais *mac*), fils, et *dervo*, chêne. Variante bretonne : Derrien. Féminins : Daron (gallois), Derwa (cornique). Dérivé irlandais : Dubhdara, avec le préfixe celtique *dubio*, brun.

Saint Sinach Macdara, au VIe siècle, fonde un monastère sur l'île Saint Macdara, au large de Carna, dans le Conemara (Galway, Irlande). ***Fête le 16 juillet***.

Saint Derrien, au retour d'un pèlerinage en Terre Sainte, sauve d'un dragon le fils du seigneur de l'Elorn, le futur saint Rioc. ***Fête le 8 février***.

Davan

Prénom masculin irlandais, dérivé des prénoms Dámhan et Daihmín, signifiant cerf, ou boeuf.

Le Devon, comté du sud-ouest de l'Angleterre, qui doit son nom aux *Domnonii*, peuple celtique qui y était installé a peut-être influencé des formes du prénom.

Variantes : Davin, Devin (forme très populaire aux Etats-Unis).

David

Prénom masculin d'origine hébraïque. ***Fête le 29 décembre.*** Variantes : Dafydd, Dewi (gallois), Devi (breton), Dáibhidh (gaélique écossais), Dáibhídh (irlandais), Daveth (cornique).

Saint David de Menevia, au VIe siècle, est le fils de sainte Nonn et l'élève de saint Iltud. Il aurait fondé plusieurs monastères dont celui de Glastonbury, dans le Somerset, et surtout celui de Menevia, aujourd'hui Saint-David's (Dyfed). Les moines y menaient une vie austère, associant pénibles travaux manuels, prières et rude régime de pain, d'eau, et de légumes, notamment des poireaux sauvages, qui depuis, sont devenus l'emblème national du Pays de Galles. Il aurait notamment présidé deux synodes en 519 et 529. Les canons de ces synodes prônent des peines sévères pour les moines coupables d'offenses sexuelles, de vol, de sacrilège, et d'aider les barbares qui massacrent les chrétiens. Il meurt à Menevia vers 589. Il est le patron du pays de Galles où plus de cinquante églises lui sont dédiées. ***Fête le 1er mars***.

Saint David, fils de Malcolm III (voir ce prénom) est roi d'Ecosse en 1124 à 1153. Il profite du conflit en Angleterre entre l'impératrice Mathilde et le roi Etienne pour s'emparer du Northumberland et du Cumberland. Son règne marque l'apogée de l'expansion écossaise. ***Fête le 24 mai***.

Declan

Prénom masculin irlandais, dérivé du prénom gaélique irlandais Deaglán. Féminin : Decla.

Saint Declan, irlandais du IVe siècle, aurait étudié au Pays de Galles, et peut-être en Gaule. Il aurait fondé l'église d'Ardmore (Waterford), dont il serait devenu le premier évêque, et serait un des quatre évêques exerçant en Irlande à l'arrivée de saint Patrick. A sa prière, un rocher, qu'on montre encore à Ardmore, aurait ramené en Irlande sa cloche oubliée au Pays de Galles. ***Fête le 24 juillet.***

Deirdre

Prénom féminin irlandais, peut-être du gaélique *deardan*, tempête, ou de *derdriu*, furieuse, ou de *deoirid*, au coeur brisé. Variantes : Derdriu, Deidra, Dedra, Diedra.

Deirdre est l'héroïne d'une des plus tragiques légendes irlandaises. A sa naissance, le roi Conchobar (voir le prénom Connor) s'émerveille de sa beauté, se la réserve pour future femme, et l'enferme à l'abri des regards. Mais elle rencontre le jeune Naoise, et s'enfuit avec lui en Grande-Bretagne. Conchobar leur promet le pardon, et ils reviennent en Irlande. Mais il fait exécuter Naoise, et garde Deirdre prisonnière. Elle profite de l'inattention de ses gardiens pour se jeter contre une falaise et se fracasser la tête. Son histoire a servi de symbole de l'Irlande sous domination anglaise, et a notamment inspiré deux pièces de théâtre : *Deirdre* de Yeats (1907) et *Deirdre des Douleurs* de Synge (1910).

Delwyn

Prénom féminin gallois, de *del*, jolie, et *gwenn*.

Delyth

Prénom féminin gallois, de *del*, jolie, et *yth*, suffixe formé à l'imitation du prénom Gwenyth.

Dermot

Prénom masculin, forme anglicisée du prénom gaélique irlandais Diarmaid, peut-être de *dí*, sans, et *airmit*, ordre, ou *airmait*, envie. Variantes : Diarmid, Diarmod, Dermit.

Diarmaid est un héros mythologique irlandais, membre des Fiana (voir le prénom Finn). Amoureux de Grainne (voir le prénom Grania), épouse de Finn, il s'enfuit avec elle. Oengus (voir le prénom Angus) les réconcilient à Finn, qui pardonne. Mais, Dermott est blessé à la chasse par un sanglier et, Finn le laisse mourir sans lui porter secours.

Saint Diarmait, naît dans le Connaught (Irlande). Vers 540 fonde un monastère Inchleraun Island, une île du Lough Ree (Westmeath). Les ruines de six églises, qui formaient un pèlerinage, survivent dans son île. ***Fête le 10 janvier.***

Dermott Mac Murrough, roi du Leinster au XIIe siècle, déposé par les nobles de son royaume, obtient l'appui d'Henri II d'Angleterre et des barons normands installés au Pays de Galles, et les conduits en Irlande, déclenchant le début de l'invasion anglaise de l'Irlande.

Desmond

Prénom masculin, probablement dérivé du prénom gaélique Desmumhnach, du surnom d'une personne originaire du sud-Munster (gaélique : *Deas Mhumham*).

Dilys

Prénom féminin gallois, de *dilys* authentique. Dérivés : Dilwen (avec *gwen*, blanche), Dilwyn (forme masculine, avec *gwyn*, blanc)

Donagh

Prénom masculin irlandais, à rapprocher du gaulois *dono*, brun, et *catu*, bataille. La forme écossaise Duncan semble résulter d'une confusion avec l'élément gaélique *ceann*, tête, lors de la latinisation en Duncanus. Variantes irlandaises : Donnchadh (gaélique irlandais), Donough.

Saint Dunchad, moine irlandais, devient abbé de Killochuir, puis d'Iona. Sous son influence, Iona finit par adopter la date romaine de Pâques, mettant fin à une longue querelle religieuse (voir notamment les prénoms Malcolm, Eunan, Colman). Il meurt en 716. ***Fête le 24 mars.***

Saint Donatus, ou Dino, est un moine irlandais qui, au retour d'un pèlerinage à Rome s'arrête à Fiesole en 829, alors qu'on cherche un nouvel évêque. Comme il entre dans la cathédrale, les cloches sonnent, les lampes s'éteignent. On l'acclame. Il a une dévotion particulière pour sainte Brigitte, dont il écrit une vie, et à laquelle il dédie un hospice pour les pèlerins irlandais. Il meurt à Fiesole en 876. ***Fête le 22 octobre.***

Duncan Ier naît vers 1010, et devient roi d'Ecosse en 1034 ; il est le père de Malcolm III et Donald VII ; son assassinat par son général Macbeth en 1040 est le sujet du célèbre drame de Shakespeare (1606). Duncan II, fils de Malcolm III, est roi d'Ecosse en 1093 et meurt l'année suivante.

Donald

Prénom masculin écossais, dérivé du prénom gaélique écossais Domhnall, à rapprocher du gaulois *dubno*, monde, et *gala*, bravoure, ou *valo*, puissant. Formes féminines : Donella, Dolly, Dolina.

Saint Donald, à Ogilvy (Ecosse) au début du VIIIe siècle, transforme, à la mort de sa femme, sa maison en couvent et ses neuf filles en religieuses. ***Fête le 15 juillet*.**

C'est le nom d'un des plus puissants clans d'Ecosse (les MacDonald), et le prénom de plusieurs rois d'Ecosse, parmi lesquels Donald VI, qui règne de 894 à 904, et aide Alfred le Grand contre les Danois.

Donegal

Prénom masculin irlandais, d'un nom de lieu devenu le nom du plus nordique des comtés irlandais, dont le nom dérive du gaélique *Dún na nGall*, forteresse des étrangers, probablement les Vikings qui occupaient la région au Xe siècle (voir les prénoms Dougal et Fingal).

Donegan

Prénom masculin irlandais, de Donnagán, forme diminutive de Donn.

Donn

Prénom masculin irlandais, à rapprocher du gaulois *donno*, brun, ou bien forme diminutive des noms commençant par Donn, notamment Donald. Féminin : Donna.

Deux personnages mythologiques irlandais, parfois confondus, portent ce nom. Donn, dieux des morts, roi du monde d'en dessous, rassemblait autours de lui sur son île les âmes avant leur départ pour l'autre monde ; dans le folklore, il est associé aux naufrages et aux tempêtes. Eber Donn, dans le *Livre des Invasions*, roi des Gaël d'Espagne, tente d'aborder l'Irlande, mais meurt au cours d'un naufrage.

Donan

Prénom masculin écossais, à rapprocher du gaulois *donno*, brun, avec diminutif.

Saint Donan, irlandais, part d'Iona et fonde un monastère dans l'île d'Eigg (Hébrides intérieurs) au début du VIIe siècle. En 617, des Vikings débarquent pendant la célébration liturgique de Pâques, rassemblent les cinquante-deux moines dans le réfectoire et y mettent le feu. ***Fête le 17 avril.***

Donovan

Prénom masculin d'origine irlandaise, dérivé du prénom gaélique Donndubhán, à rapprocher du gaulois *donno*, brun, et *dubio*, noir sombre, suivi d'un diminutif. Il doit son actuelle popularité au chanteur né en Ecosse Donovan Leich. Variantes américaines : Donavan, Donavon.

Doran

Prénom masculin irlandais, du prénom Deoradhán, signifiant exilé, voyageur.

Dorine

Prénom féminin d'origine irlandaise, dérivé du nom Dairinn, fille de Finn. Variantes : Dervin, Derinn, Dorean, Doreen. En français, il est plus souvent une dérivation de Doris, nom qui désigne une femme dorienne (peuple grec antique).

Dougal

Prénom masculin irlandais, à rapprocher du gaulois *dubio*, noir et *gallo*, étranger. Ce nom aurait été appliqué aux Danois, par opposition à Fingal, pour les Norvégiens et Islandais. Variantes : Dubhghall, Dúghall (gaélique irlandais), Dugal, Doyle (nom de famille dérivé de O'Dubhghaill, descendant de Dougal).

Douglas

Prénom masculin écossais et manx, dérivé du prénom gaélique Dúbhglas, à rapprocher du gaulois *dubio*, noir, et *glas*, bleu-vert. C'est le nom de nombreuses rivières, et celui de la capitale de l'île de Man, dont le nom est composé de deux rivières, le Dhoo et le Glass, qui encerclent la ville. C'est aussi le nom d'une des plus puissantes familles d'Ecosse, les comtes de Douglas et d'Angus.

Plusieurs personnages célèbres ont illustré ce prénom : Douglas Hyde (1860-1949), 1er président de la république d'Irlande, Douglas MacArthur (1880-1964), général américain, Douglas Fairbanks (1883-1939), acteur américain, John Douglas Cockcroft (1897-1967), physicien anglais.

Duane

Prénom masculin, dérivé du prénom gaélique irlandais Dubhán, à rapprocher du gaulois *dubio*, noir, suivi d'un diminutif. Variantes : Dwane, Dwayne, Dwain, Dwaine, DeWayne (cette dernière forme surtout chez les noirs américains).

Dwynwen

Prénom féminin gallois, de *dwyn*, agréable, et *gwenn* (à rapprocher du gaulois vindo), blanche.

Saint Dwynwen, de la famille de saint Brychan, morte vers 460, est surtout invoquée pour les affaires de coeur. ***Fête le 25 janvier.***

Dylan

Prénom masculin gallois, probablement d'un élément celtique qui signifie mer. Variante : Dillon (anglais).

Dans la quatrième branche du Mabinogi, Dylan naît alors que Math, qui veut vérifier la virginité d'Aranrhod (voir le prénom Arianrhod), la contraint de sauter par-dessus sa baguette magique. Elle accouche sur-le-champ de deux enfants, dont l'un disparaît aussitôt dans la mer et devient Dylan eil Ton, le “fils de la vague”, le plus rapide des poissons, une divinité marine.

Dylan Thomas (1914-1953) est un poète gallois de langue anglaise, dont le chanteur Bob Dylan (né en 1941 sous le nom de Zimmerman) a emprunté le prénom.

Dymphna

Prénom féminin, dérivé du prénom gaélique irlandais Damhnait, de *damh*, faon ou *dámph*, poète. Variante : Devnet.

Sainte Dymphna est la fille d'un roi irlandais ; après la mort de sa mère, son père tombe amoureux d'elle ; pour lui échapper, elle s'enfuit à Anvers, puis à Gheel. Son père la retrouve ; comme elle refuse de le suivre, il la tue. La translation de ses reliques est marquée par de nombreuses scènes d'épilepsie chez les assistants ; elle est devenue depuis la protectrice de fous et des lunatiques. ***Fête le 15 mai.***

E

Eavan

Prénom féminin, forme anglaise du prénom irlandais Aoibheann, signifiant belle. Variantes : Aoife, Aoibhinn.

Aoife, dans le cycle de la Branche rouge est une maîtresse de Cu Chulainn, et la mère de Conlay (voir de prénom).

Edern

Prénom masculin breton, peut-être du vieux gallois *edyrn*, grand, énorme.

Edern, dans la mythologie galloise, est le fils de Nudd. Il apparaît dans des contes gallois médiévaux, notamment le *Songe de Rhonabwy*, où il est chef des Danois, et dans *Gereint fils d'Erbin*, où il est un chevalier qui provoque Guenièvre et Gereint.

Saint Edern accueille dans son ermitage, en Bretagne, un cerf poursuivi par un chasseur ; le chasseur calme sa meute, écoute Edern et épargne le cerf. Un autre jour, perdu dans ses prières, saint Edern ne voit pas arriver le duc de Bretagne et son équipage ; il n'entend pas non plus le page qui s'adresse à lui ; le page le frappe ; le duc et ses gens, aveuglés, ne retrouvent la vue que par les prières d'Edern. ***Fête le 26 août.***

Efflam

Prénom masculin breton, du vieux breton *flamm*, brillant, rayonnant, ou bien du latin *flamen*, flamine, prêtre romain.

Saint Efflam, prince irlandais fiancé à Enora, fait voeux de chasteté, et propose un arrangement à Enora : ils se consacrent à Dieu et s'engagent à vivre comme frère et soeur. Cependant, troublé par la beauté d'Enora, il décide de s'enfuir et se réfugie en Armorique, près de Plestin-les-Grèves (22). Peu après, Enora le rejoint ; il lui fait bâtir un oratoire de l'autre côté de la colline. ***Fête le 6 novembre.***

Eizwen

Prénom féminin gallois, de *eiden*, désirer, aimant, et *gwen* (à rapprocher du gaulois *vindo*), blanc. Variante : Eiddwen.

Einia

Prénom féminin, dérivé du prénom gaélique irlandais Eithne, de *eithne*, amande. Variantes : Edna, Ethna, Enya.

Eithne, l'une des Tuatha De Danann (voir le prénom Anne), est la déesse de la rivière Boyne. Elle refuse toute nourriture, n'acceptant que le lait de deux vaches venues de «l'Inde vertueuse», que lui apportèrent les dieux Oengus (voir le prénom Angus) et Mananan.

Saint Ethenia est une de fille du roi Laoghaire, une des premières converties de saint Patrick avec sa soeur Fidelmia. ***Fête le 11 janvier.***

Eira

Prénom féminin gallois, de *eira*, neige. Dérivés : Eirwen (avec *gwen*, blanche), Eiriol, Eirlys (ces deux derniers prénoms signifient perce-neige).

Erianwen

Prénom féminin gallois, de *eirian*, splendide, et *gwen*, blanche.

Eleri

Prénom féminin gallois, du préfixe intensif *el*, et *geri*, amer. Variantes : Meleri (gallois), Ellery (anglais).

Saint Elerius, au VIe siècle, aurait dirigé un monastère dans le nord du Pays de Galle. ***Fête le 3 novembre.***

Elian

Prénom masculin gallois et cornique, d'étymologie inconnue, peut-être une variante d'Alain (voir ce prénom). Variante : Trevelyan (d'un nom de famille cornique qui signifie maison d'Elian).

Saint Elien, ou Eilan, ou Allen est un ermite du VIe siècle, originaire des Cornouailles, il a donné son nom à Llaneilian à Anglesey, et est titulaire de Saint Allens en Cornouailles. ***Fête le 13 janvier.***

Elian, dans la *Mort du roi Arthur*, du début du XIIIe siècle, est un chevalier d'Irlande qui remplace Lancelot à la Table Ronde après la rupture entre celui-ci et Arthur.

Ellys

Prénom masculin gallois, forme de Elisud, de *elus*, bon, bienveillant, ou bien forme du prénom d'origine biblique Elie.

Emer

Prénom féminin irlandais. Variante : Emir.
Emer est la femme du héros mythologique irlandais Cúchulain.

Emyr

Prénom masculin gallois, qui signifie chef, roi, seigneur, qui dériverait peut-être du latin *imperator*, empereur.

Dans trois romans médiévaux gallois (le *Songe de Ronabwy, Peredur fils d'Ewrac*, *Gereint fils d'Erbin*), Emyr d'Armorique est le père d'Howel, ou Hywel.

Enda

Prénom masculin irlandais, forme anglicisée de Eana. Variante : Eany.

Saint Eana, au Ve siècle, fonde un monastère à Inishmore, une des iles d'Aran (Galway) en 490, ce qui en ferait l'un des plus anciens d'Irlande. Sa réputation d'enseignant attire tant de disciples - saint Ciaran de Clonmacnoise, saint Finnian de Moville, saint Jarlatth de Tuam, saint Colman de Kilmacduagh -, que l'île, ou 227 saints seraient enterrés, est connue sous le nom d'»Aran des Saints». Il meurt vers 530. ***Fête le 21 mars.***

Enide

Prénom féminin, d'étymologie incertaine, peut-être de *Gwened*, la blanche (à rapprocher du gaulois *vindo*), nom breton de Vannes que Waroch (dont le nom correspondrait à Erec) gouvernait au VIe siècle.

Enide est la femme d'Erec, ou Gereint, héros médiéval connu sous deux versions : *Erec et Enide*, écrit par Chrétien de Troyes à la fin du XIIe siècle, et *Gereint fils d'Erbin*, roman gallois du début du XIIIe siècle. Dans les deux versions, elle à la charge de rappeler à son mari ses devoirs de chevalier.

Enora

Prénom féminin breton. De *enor,* honneur. Variantes : Enored (masculin), Enor.

Sainte Enora, princesse galloise, est fiancée à saint Efflam (voir ce prénom). ***Fête 14 octobre.***

Envel

Prénom masculin breton, probablement à rapprocher du gaulois *vindo*, blanc, et *maglo*, prince, chef.

Deux frères, tous deux prénommés Envel, vivent en ermites dans la vaste forêt qui s'étend au sud de Belle-Isle-en-Terre (22), le cadet dans la partie orientale, Bois du jour, l'aîné dans la partie occidentale, Bois de la nuit. ***Fête le 11 décembre.***

Erin

Prénom féminin, forme de Éire, signifiant peut-être terre de l'ouest, nom de l'Irlande, très populaire dans le monde anglo-saxon, mais pas en Irlande. Variantes : Erinn, Eryn, Erina.

Erin, dans la mythologie irlandaise (*livre des Invasions)*, est une déesse qui accueillent les Milésiens, en leur demandant de donner son nom au pays.

Etain

Prénom féminin irlandais, forme de Eadaoin, probablement dérivé du vieil irlandais *ét*, jalousie.

Etain, personnage myhologique, était la plus belle femme d'Irlande. Le dieu Midhir en tombe amoureux, mais sa femme, jalouse, la transforme en mouche. Après une série de métamorphoses, les amants se retrouvent sous la forme de deux cygnes.

Eunan

Prénom masculin, forme anglicisée du prénom gaélique Ádhamhnán, de *adomnae*, grande peur, suivi d'un diminutif. Le prénom Adomnán, depuis le Xe siècle, est souvent orthographié Adamnan, sans doute pour le rapprocher d'Adam.

Saint Adamnan membre de la famille de saint Colomba (voir le prénom Malcolm), devient, en 679, le 9e abbé d'Iona. En 697, en Irlande, il fait adopter par le synode de Birr, l'usage romain pour la célébration de la fête de Pâques, mais ses propres moines d'Iona refusent de lui obéir. Il passe à partir de ce moment l'essentiel de son temps hors d'Iona. Vers 700, il écrit une vie latine de saint Colomba, qui reste son oeuvre principale. Il revient à Iona peu avant sa mort en 704. ***Fête le 23 septembre.***

Even

Prénom masculin breton, à rapprocher du nom du dieu gaulois Esus, assimilé à Jupiter, et du gaulois *geno*, né. Variante : Ewen.

Saint Even, au XIe siècle, est abbé du monastère de Saint-Melaine à Rennes, puis sacré archevêque de Dol, vers 1075. Ce sacre représente un aboutissement des longs efforts des ducs de Bretagne pour faire reconnaître l'archevêché de Dol et l'"indépendance" religieuse de la Bretagne ; ce succès est cependant sans lendemain, car dès 1081, année de la mort de saint Even, le concile de Saintes reconnaît les droits de l'archevêché de Tours sur la Bretagne. ***Fête 17 avril.***

F

Farry

Prénom masculin, dérivé du prénom gaélique irlandais Fearadhach, à rapprocher du gaulois *viro*, homme mâle.

Saint Feredarius devient abbée d'Iona en 863. ***Fête le 18 mai.***

Fechin

Prénom masculin, du gaélique irlandais *fach*, corbeau.

Saint Fechin fonde vers 630 Fore Abbey (Wesmeath), endroit célèbre pour ses miracles. Il est honoré en Ecosse sous le nom de saint Vigean. ***Fête le 20 janvier.***

Fergal

Prénom masculin irlandais, à rapprocher du gaulois *viro*, homme, mâle, et *gala*, bravoure. Variantes : Fearghal (gaélique irlandais), Farrel.

Saint Fergal, dont le nom a été latinisé en Virgilius, est abbé du monastère d'Aghadoe, en Irlande. Il s'en va évangéliser le continent vers 740. Abbé du monastère Saint-Pierre de Salzbourg, il prend aussi la direction du diocèse après la mort de l'évêque en 745. N'ayant pas reçu le sacre épiscopal, il s'assure les services d'un évêque itinérant, formule énergiquement contestée par saint Boniface, le responsable de l'évangélisation des Germains depuis une dizaine d'années. Quand Virgile refuse d'invalider un baptême administré par un prêtre peu instruit dans un latin erroné, le pape le soutient contre saint Boniface. En 755, peu après la disparition de celui-ci, il est sacré évêque. On attribue à son activité un début d'évangélisation de la Moravie, un siècle avant saints Cyril et Méthode. ***Fête le 27 novembre.***

Fergus

Prénom masculin irlandais et écossais, du gaélique *fear*, homme (à rapprocher du gaulois *viro*), et *gas*, choix. Variantes : Fearghas (gaélique écossais), Fearghus (gaélique irlandais).

Saint Fergus, dit le Picte, au début du VIIIe siècle, aurait évangélisé un vaste territoire au nord de l'Ecosse. ***Fête le 27 novembre.***

Fergus Mac Roth, héros mythologique irlandais, hérite du royaume d'Ulster à la mort de son demi-frère. Mais, amoureux de la veuve, Ness, celle-ci le convainc qu'elle l'épousera s'il laisse régner son fils Conchobar (voir le prénom Connor) pendant un an. Fergus entre en révolte contre Conchobar, incendie Emain Macha, et se réfugie chez la reine Medb (voir le prénom Maeve), dont il devient l'amant.

Fergus Mac Erca, au VIe siècle, transplante une colonie irlandaise dans le nord de la Grande-Bretagne et fonde le royaume de Dalriada. Il est à l'origine de l'implantation de la langue gaélique en Ecosse, du nom même de l'Ecosse (pays des Scots, c'est à dire de Irlandais), et du comté d'Argyll (pays des Gaëls, c'est à dire aussi les Irlandais).

Feargus Edward O'Connor (1794-1855) homme politique d'origine irlandaise, devient un important leader du chartisme, dont il fait un mouvement social de protestation de masse.

Feuillan

Prénom masculin, du vieil irlandais *faol*, loup, suivi d'un diminutif. Variantes : Faolán, Foillan, Feuillen, Pholien, Phelan.

Saint Feuillan né en Irlande est le frère de saint Fursy et de saint Ultan (voir ce prénom). Vers 652, il fonde le monastère de Fosses (Belgique), sur un terrain mis à sa disposition par sainte Itte, abbesse de Nivelle. Il est tué par des bandits entre Nivelle et Fosse avec trois de ses moines en 655. ***Fête le 31 octobre***.

Fiacre

Prénom masculin, dérivé du prénom gaélique Fiachra, du gaélique irlandais de *fiach*, dette, ou de *fichim*, je combats.

Saint Fiacre, au VIIe siècle, venu d'Irlande, s'installe près de Meaux, et y vit en ermite jardinier. Son dernier miracle est de planter un noyau de pêche qui devient instantanément un arbre chargé de fruits et de fleurs. Patron de jardiniers et des horticulteurs, on le représente traditionnellement avec une bêche. Depuis le XVIIe siècle, les voitures de louage attelées ont pris le nom de Fiacre, du nom de leur port d'attache, l'hôtel Saint-Fiacre, où sa statue servait d'enseigne, rue Saint-Antoine, à Paris. ***Fête le 30 août.***

Fife

Prénom masculin écossais, du nom de la région d'Ecosse, au nord du Firth of Forth.

Fillan

Prénom masculin écossais, peut-être du gaélique *faol*, loup, suivi d'un diminutif.

Saint Fillan, moine irlandais du VIIe siècle, fils de sainte Kentigerne et neveu de saint Comgan, est ermite à Glendochart, près de Perth (Tayside, Ecosse). Il est très populaire en Ecosse ; en 1314, le roi Robert Bruce se munit d'une relique du saint avant la bataille de Banockburn, et lui attribue le mérite de sa victoire sur les Anglais. ***Fête le 9 janvier.***

Finan

Prénom masculin irlandais, à rapprocher du gaulois *vindo*, blanc. Variante : Fionán (irlandais moderne).

Saint Finan Cam, au VIe siècle, est le fondateur du monastère de Kinnity (Offaly, Irlande). ***Fête le 7 avril.***

Saint Finan Lobur, au VIe siècle, qui souffre d'une maladie de peau décrite comme une sorte de peste, gouverne le monastère de Swords, au nord de Dublin (Fingal). ***Fête le 16 mars.***

Saint Finan, au VIe siècle, disciple de saint Kentigern, évangélise Anglesey, puis la région d'Aberdeen. ***Fête le 18 mars.***

Saint Finan est le successeur de saint Aidan (voir ce prénom) à

Lindisfarne en 651. Il en agrandit l'église et baptise les rois Peada de Mercie et Sigebert d'Essex. ***Fête le 17 février.***

Finbar

Prénom masculin, forme du prénom gaélique Fionnbharr, à rapprocher du gaulois *vindo*, blanc, et *barro*, colline, éminence.

Finbar est le nom d'au moins trois saints irlandais, dont l'un, né vers 560, installe un ermitage sur un îlot du lac de Gougane Barra (Cork) et y tue le dernier dragon d'Irlande, que saint Patrick avait oublié. Il fonde un monastère au bord du lac qui devient une école célèbre qui attire des étudiants de tout le sud de l'Irlande. Il devient le premier évêque de Cork vers 600. Il est également le patron de l'île de Barra (Hébrides extérieures) en Ecosse. Un pèlerinage important a lieu dans l'île de Gougane Barra, le jour de sa fête. ***Fête le 25 septembre.***

Fingal

Prénom masculin écossais, à rapprocher du gaulois *vindo*, blanc, et *gallo*, étranger. Variante : Fionnghall. C'était à l'origine un surnom des colons vikings. Macpherson l'a adopté pour le nom du héros gaélique Finn. C'est aussi l'un des prénoms d'Oscar Wilde, de son vrai nom Fingal Oscar O'Flaherty Wills, qui porte deux prénoms "ossianiques".

Fingar

Prénom masculin, à rapprocher du gaulois *vindo*, blanc, et *cara*, ami. Variantes : Eginer, Gwigner (breton).

Saint Fingar, missionnaire gallois, aurait évangélisé les régions de Gwinear et Camborne (Cornwall). En Armorique, il construit son ermitage à Pluvigner (56), vit de prières et se nourrit de glands. Plusieurs années après, peut-être en Cornouailles, il est massacré avec 300 compagnons. ***Fête le 23 mars.***

Saint Fingar et sa soeur sainte Kiara, irlandais, sont martyrisés en Cornouailles au Ve siècle. ***Fête le 14 décembre.***

Finlay

Prénom masculin, dérivé du nom gaélique Fionnlaigh, de *fin* (à rapprocher du gaulois *vindo*), blanc, et *laogh*, guerrier ou veau. Le nom de la famille Mac Fhionnlaigh est anglicisé en MacKinlay.

Finian

Prénom masculin irlandais, à rapprocher du gaulois *vindo*, blanc.

Saint Finnian, moine irlandais qui étudie au Pays de Galles et rend visite à saint David, est peut-être le même personnage que le saint Winiau, qui partage son existence entre le sud du Pays de Galles, les Cornouailles et l'Armorique. En Irlande, il fonde 6 monastères, dont celui de Clonard (Meath) où il est évêque. Il y développe une grande école monastique, qui compte jusqu'à 3 000 étudiants, et où saint Brendan, saint Colomba, et saint Colomban ont étudié. ***Fête le 12 décembre.***

Saint Finnian de Moville, au VIe siècle aurait apporté en Irlande, de la Candida Casa de saint Ninian (voir ce prénom) à Withorn, un précieux manuscrit romain. Saint Colomba (voir le prénom Malcolm) obtient de le consulter, et en fait une copie, que Finnian veut conserver. Le haut-roi de Tara rend un jugement passé en dicton : "A chaque vache son veau, à chaque livre son petit livre". Colomba refuse de s'incliner ; la bataille voit s'affronter le Connaught, qui soutient Colomba, et le roi de Tara, qui soutient Finnian. L'armée du roi perd la bataille, et Finian doit laisser sa copie à Colomba. ***Fête le 10 septembre.***

Finn

Prénom masculin, forme du prénom gaélique irlandais Fionn, à rapprocher du gaulois *vindo*, blanc. Dans les langues celtiques du groupe brittonique, il correspond aux prénoms Gwenn, Gwynn.

Finn Mac Cumail, dont le nom est anglicisé en Finn Mac Cool, est le héros du cycle dit ossianique, ou cycle de Finn, la plus récente des quatre branches de la littérature médiévale irlandaise. Finn est le héros favori des petites gens et des paysans. Macpherson s'en inspire au

XVIIIe siècle dans ses *Fragments d'Ancienne Poésie* (1759). Le druide Finegas, qui vivait sur les rives de la Boyne, l'élève secrètement et lui fait manger le saumon de la connaissance, qui lui permet d'acquérir la sagesse et la science. Il succède à son père comme chef des Fianna, bande d'aventuriers au service du roi Cormac Mac Airt ; ils se soumettent à un code d'honneur très strict, qui leur interdit de se vanter et de fréquenter des débits de boisson, et les oblige à protéger les faibles, hommes, femmes et enfants et à mourir plutôt que de trahir. Finn passe 16 années à poursuivre Diarmaid et Graine, sans leur pardonner. La tradition en fait aussi un géant qui aurait créé l'île de Man en jetant à la mer un morceau de l'Irlande, et construit la chaussée des Géants pour passer d'Irlande en Ecosse.

Fintan

Prénom masculin irlandais, à rapprocher du gaulois *vindo*, blanc. Variante : Fiontan (gaélique irlandais).

Saint Fintan fonde le monastère de Clonemagh vers 548. Réputé pour son austérité, il se nourrit de pain d'orge et d'eau argileuse, mais accepte un régime plus doux pour ses moines. ***Fête le 17 février.***

Saint Fintan Munna, décide de rejoindre saint Colomba à Iona. A son arrivée, saint Colomba vient de mourir ; son successeur refuse de l'admettre comme moine, se fondant sur une instruction de saint Colomba selon laquelle Fintan ne devait être le moine d'un abbé, mais abbé lui même. Il rentre en Irlande et fonde un monastère à Taghmon (Wexford) où il meurt vers 635. ***Fête le 21 octobre.***

Saint Fintan, irlandais capturé par les vikings, réussit à leur échapper dans les Orcades, au début du IXe siècle. Il décide de se rendre en pèlerinage à Rome. Au retour, il se joint à un groupe d'ermites sur une île du Rhin, à Rheinau, près de Shaffhausen où il vit pendant 22 ans. ***Fête le 15 novembre.***

Fiona

Prénom féminin, à rapprocher du gaulois *vindo*, blanc ; il s'est confondu avec Fióna, prénom féminin irlandais, dérivé d'un élément signifiant vin. Variante : Fina.

Fionuala

Prénom féminin gaélique irlandais, forme moderne de Fionguala, de *fionn* (à rapprocher du gaulois *vindo*), blanc, et *guala*, épaule. Variantes : Finella, Fenella (Ecosse), Finola, Fionola, Nuala.

Fionnula, dans la mythologie irlandaise est une fille de Lir ; sa belle-mère la transforme, comme ses frères, en cygne ; elle conserve cette forme pendant 900 ans, et ne reprend sa forme humaine que très âgée.

Flann

Prénom irlandais, masculin, éventuellement féminin, du vieil irlandais *flann*, rouge sang. Dérivé : Flannan (diminutif).

Saint Flannan, au VIIe siècle, succède à saint Molua à la tête du monastère de Killaloe (Clare, Irlande). Des îles à l'ouest de Lewis et Harris (Hébrides extérieures, Écosse) ont pris son nom. ***Fête le 18 décembre.***

Flannery

Prénom masculin ou féminin, du gaélique irlandais Flannabhra, sourcils rouges.

Mary Flannery O'Connors (1925-1964) est un écrivain américain.

Forbes

Prénom masculin écossais, d'un nom de lieu près d'Aberdeen qui a donné son nom à une famille noble écossaise, du gaélique *forba*, champs, district, avec suffixe locatif *ais*.

G

Gaël

Prénom masculin breton, sans doute un diminutif de Judicaël (***Fête le 17 décembre***), renforcé par le séjour de ce saint au monastère de Gaël (35), et peut-être influencé par le nom des Gaëls, probablement du gaélique *geal*, blanc, peuple celte, qui atteint l'Irlande au cours du Ier siècle avant J.C. Féminins : Gaela (breton), Gaëlle (français).

Gall

Prénom masculin, du gaulois *gallo*, étranger, ou du latin, *gallus*, gaulois ; le nom irlandais de saint Gall de Suisse était sans doute Ceallach (voir le prénom Kelly).

Saint Gall de Clermont, né vers 486, appartenant à une riche famille gallo-romaine. Il brûle un temple païen à Trêves, mais échappe malgré lui au martyre. Il devient évêque de Clermont en 526 et meurt vers 551. Il est l'oncle de Grégoire de Tours. ***Fête le 1er juillet.***

Saint Gall, moine à Bangor, accompagne saint Colomban (voir le prénom Colman) en Gaule. En 612, Saint Colomban décide d'abandonner son monastère de Bregenz et de se replier de l'autre côté des Alpes. Saint Gall, en dépit des imprécations de saint Colomban, qui lui interdit de célébrer la messe tant que lui même vivra, refuse de le suivre. Il décide d'évangéliser les Alamans, peuple repoussé vers le sud par les Francs, s'installe un peu à l'ouest de Bregenz et mène une vie d'ermite et de prédicateur itinérant. En 615, sur son lit de mort, Colomban demande de transmettre son bâton abbatial à son compagnon indiscipliné, en signe de réconciliation. A sa mort, vers 646, les Alamans sont devenus chrétiens. Son ermitage donnera naissance au célèbre monastère de Saint-Gall. Il est l'un des principaux fondateurs de l'Eglise en Suisse. ***Fête le 16 octobre.***

Gauvain

Prénom masculin, forme du prénom gallois Gwalchmei, peut-être à rapprocher du gaulois *walkos*, faucon, et *magesos*, plaine. Variantes : Gawain, Gavin (formes anglaises).

Gauvain, dans le cycle arthurien, est le fils aîné du roi Lot d'Orcanie, et le neveu préféré du roi Arthur. Avec Lancelot, c'est le plus important des chevaliers de la Table Ronde, et ses aventures sont innombrables. Il joue un rôle important dans plusieurs romans, notamment ceux de Chrétien de Troyes, et il est le héros de l'*Atre Périlleux* et du *Géant Vert*, récits des XIIIe et XIVe siècles. Bien que doté de toutes les qualités chevaleresques, il a parfois la réputation d'un débauché et d'un tricheur.

Gareth

Prénom masculin gallois, peut-être du gallois *gwaraidd*, civilisé, ou bien une forme de Gereint (voir ce prénom). La forme Garett, courante en Irlande, est une anglicisation de Geraóid, forme irlandaise de Gérard. Variante : Gary.

Gareth, chevalier d'Arthur, apparaît dans la *Mort d'Arthur* (1485) de Malory, et dans les *Idylles du roi* (1859), de Tennyson.

Gereint

Prénom masculin gallois, peut-être du latin *gerontius*, du grec gerontos, veillard.

Plusieurs personnages historiques, assez mal connus, ont porté ce nom, notamment Gerontius, général britto-romain qui conduit des troupes bretonnes rebelles en Gaule en 407, et Gerontius, dernier roi celte de Domnonée insulaire (Devon), vaincu en 710 par Ina de Wessex.

Gereint, ou Erec, est le héros de deux romans médiévaux : *Erec et Enide*, écrit par Chrétien de Troyes à la fin du XIIe siècle, et *Gereint fils d'Erbin*, roman gallois du début du XIIIe siècle. La forme galloise dérive probablement d'un des personnages historiques précédents. Le conte gallois donne Gereint comme fils d'Erbin, roi de

Destregalles (probablement le Deheubarth, au sud du Pays de Galles). La forme Erec dérive peut-être de Waroc, qui gouvernait la région de Vannes au VIe siècle. Chrétien en fait le fils du roi Lac d'Armorique.

Gildas

Prénom masculin gallois et breton, d'étymologie incertaine, peut-être d'origine picte, ou bien du breton *gwellet*, voir. Variantes : Jildaz, Gweltaz (breton).

Saint Gildas, peut-être d'origine picte, aurait étudié au monastère de Llantwit Major, l'école de saint Iltud dans le sud du Pays de Galles, puis prêché en Ecosse et en Irlande. Surnommé "le Sage", il aurait entretenu avec saint Finian de Clonard une correspondance sur la discipline monastique, et le roi Ainmere l'aurait appelé en Irlande pour restaurer l'ordre ecclésiastique. Probablement entre 515 et 530, à Lancarvan, il rédige *La ruine et la conquête de la Bretagne*. S'exprimant dans un latin remarquable pour son époque, avec une étonnante connaissances des Ecritures, de Virgile et des lettres de saint Ignace d'Antioche, il se fait le porte parole du milieu conservateur pro-romain qui soutient Ambrosius Aurelianus, et célèbre Rome, dont la domination s'inscrit légitimement dans le plan divin. Il y dénigre le parti de Vortigern (voir le prénom Gurtiern), chef aussi hostile aux Romains qu'aux Pictes, et qui fait appel, contre ces derniers aux Saxons païens, faute dont les dissensions et l'exil sont le juste châtiment. Vers 525, il fait un pèlerinage à Rome et, au retour, s'installe en Armorique, dans la solitude d'une grotte sur les rives du Blavet, puis dans la petite île d'Houat (56), près de la côte de Rhuys ; des pêcheurs découvrent son ermitage et propagent sa réputation. Vers 560, Waroch (voir le prénom Gereint), comte de Vannes, l'appelle et lui cède un terrain à Rhuys pour qu'il fonde une abbaye, qui deviendra l'abbaye Saint-Gildas-de-Rhuys. Il meurt vers 570. Il pourrait y avoir deux Gildas : l'auteur de *La ruine et la Conquête*, de culture romano-bretonne, aurait été confondu avec un obscur Gueltas, véritable fondateur du monastère de Rhuys. ***Fête le 29 janvier.***

Gladys

Prénom féminin, peut-être du gallois *gwlad*, pays. Variantes : Gwladus, Gwladys (gallois), Gladez (breton).

Sainte Gwladys est l'une des vingt-quatre filles de saint Brychan (voir ce prénom). Elle épouse Gundleus, roi du Glamorgan, et donne naissance en 522 à saint Cadoc. Celui-ci les convertit tout deux à une vie dévote, et ils se retirent dans la solitude. ***Fête le 29 mars.***

Glen

Prénom masculin, du gaélique *gleann*, vallée. Variante : Glyn (gallois). Ce prénom est notamment représenté par des musiciens comme Glenn Gould ou Glenn Miller.

Saint Glen a laissé son nom à Saint-Glen (29). ***Fête le 11 septembre.***

Glenda

Prénom féminin gallois, à rapprocher du gaulois *glano*, pur, et *dago*, bon.

Glenys

Prénom féminin gallois, à rapprocher du gaulois *glano*, pur, ou *glanna*, rive.

Glynis

Prénom féminin gallois, de *glyn*, vallée. Variante : Glynys.

Gobain

Prénom masculin, du nom du dieu forgeron celtique Gobanos. Il a pour équivalent Gobniu en Irlande, et Govannonn, fils de Dôn (voir le prénom Anne) et frère d'Aranrhod (voir le prénom Arianrhod), au Pays de Galles. A rapprocher du gaulois *gobanit*, mot apparenté au breton, gallois et cornique *gof*, forgeron. Variante : Gowan (Ecosse).

Sainte Gobnet, habile apicultrice, est souvent représentée comme telle par les artistes. ***Fête le 11 février.***

Saint Govan aurait été disciple de saint Ailbe (voir le prénom Alby). Il passe les dernières années de sa vie comme ermite sur la côte sud du Pembrokeshire (Dyfed), où sa cellule existe encore au flanc de la falaise. ***Fête le 26 mars.***

Saint Gobain, moine irlandais disciple de saint Fursy, s'installe près de Laon. Des païens le tuent en 670. Un sanctuaire est érigé sur sa tombe, autour de laquelle s'établira la petite ville de Saint-Gobain, dans la forêt du même nom. ***Fête le 20 juin.***

Gordon

Prénom masculin écossais, du nom d'une puissante famille noble écossaise originaire du Berwikshire (Northumberland), probablement d'un nom de lieu d'origine celtique, à rapprocher du gaulois *ver*, particule intensive et *duno,* colline, forteresse.

Gouenou

Prénom masculin breton, du vieux breton, *uuoet*, cri de guerre, combat, ou bien du gallois *gwyd*, connaissance (à rapprocher du gaulois *vido*). Variantes : Gouesnou, Goueznou, Iguinou.

Gwyddno Garanhir (aux longs mollets), dans *Kulhwch et Olwen* et dans le *Livre de Taliesin*, contes gallois médiévaux, est un héros du nord de la Bretagne et du nord du Pays de Galles, où son royaume aurait été submergé. Il aurait disposé d'une pêcherie, ou réserve de poisson inépuisable, et disposait d'un plat doté des mêmes facultés, qu'Ysapadadden exige de Kulwhuch (voir le prénom Olwen).

Saint Gouesnou, au VIe siècle, fils de saint Tudon, est le fondateur de Gouesnou (29), et serait devenu évêque de Léon. ***Fête le 25 octobre.***

Goulven

Prénom masculin breton, peut-être de *gouloù*, lumière (à rapprocher du gaulois *lovo*), ou bien de *goull*, demander, et *gwenn* (à rapprocher du gaulois *vindo*), blanc, heureux, sacré. Variante : Goulwen.

Saint Goulven, au VIe siècle, dans le Léon (29), a un jour l'inspiration d'envoyer son serviteur demander à un paysan la première chose à portée de sa main ; celui lui donne trois poignées de terre ; lorsque le serviteur les remet à son maître, la terre s'est changée en or ; Goulven en fait un calice, trois croix et quatre cloches. ***Fête le 1er juillet.***

Grania

Prénom féminin irlandais, peut-être de *gráin*, dégoût. Variante : Gráinne (gaélique irlandais).

Graine est la fille de Cormac Mac Airt, roi d'Irlande, qui la promet à Finn Mac Cumail, chef de Fianna, déjà assez âgé, mais encore puissant. Mais elle jette son dévolu sur Dermott, et le contraint, malgré sa fidélité à Finn, à l'emmener avec elle. Ils vivent cachés pendant 16 ans. Oengus les réconcilient à Finn. Mais un sanglier tue Diarmaid. Selon les versions, Grainne se suicide, ou bien fini par céder à la cour de Finn et l'épouser.

Griffyth

Prénom masculin, forme du gallois Gruffyd, peut-être de *cryf*, fort, et *iud*, prince, seigneur. Variante : Gruffud.

Gruffyd ap Llywelyn (1039-1063), roi du Gwynedd et du Powys, se rend maître de l'ensemble du Pays de Galles, et étend même ses frontières au-delà de celles du Pays de Galles.

Guénolé

Prénom masculin, à rapprocher du gaulois *vindo*, blanc, et *gala*, valeur, valeureux. Variante : Gwenole (breton).

Saint Guénolé, troisième fils de sainte Gwenn, est confié très jeune à saint Budoc. Vers 485, celui-ci lui confie onze disciples ; ils se fixent à Tibidy, une île minuscule à l'embouchure de la rivière du Faou (29), où ils demeurent trois ans. Vers 490, comme Moïse ouvrant la mer Rouge, Guénolé ouvre un chemin dans la rade de Brest jusqu'au site de Landévennec, où il fonde l'abbaye qui deviendra l'un des grands centres de la vie spirituelle et culturelle en Bretagne. Lors des invasions normandes, les moines fuient précipitamment, emportent ses reliques à Montreuil-sur-Mer, où il est vénéré sous le nom de Waloi. Ses reliques sont par la suite dispersées, notamment en Angleterre. Son culte s'est également répandu outre-Manche par le biais de fondations du monastère de Landévennec, à Landewednack et Gunwalloe, tout près du cap Lizard (Cornwall). ***Fête le 3 mars.***

Gurtiern

Prénom masculin breton, à rapprocher du gaulois *viro*, homme, ou *ver*, particule intensive, et *tigerno*, seigneur.

Vortigern, personnage mi-historique, mi-légendaire, gouvernait une partie de la Grande-Bretagne au Ve siècle. Contre les incursions des Pictes, il fait appel, vers 425, à des mercenaires Saxons. Mais ceux-ci, se retournent contre lui, peut-être parce qu'il ne payait pas leur solde, et infligent une défaite aux Bretons en 453. C'est, symboliquement, le début des invasions saxonnes en Grande-Bretagne. Attaqué par ses ennemis, il serait mort brûlé dans sa forteresse du Gwynedd.

Saint Gurtiern, parfois identifié à Vortigern, vit en ermite dans l'île de Groix au Ve siècle. Sa sainteté attire l'attention du roi Gradlon qui lui donne une terre sur le site actuel de Quimperlé (29). ***Fête le 3 juillet.***

Gwenaël

Prénom masculin breton, de *gwenn*, blanc (à rapprocher du gaulois *vindo*), et *hael,* généreux.

Saint Gwenaël, entre très jeune à l'abbaye de Landévennec et succède en 532, à saint Guénolé à la tête de l'abbaye. Après un voyage en Irlande, il s'installe à Groix (56), puis fonde un monastère sur la rive du Blavet, où il meurt vers 590. ***Fête le 3 novembre.***

Gwenda

Prénom féminin gallois, à rapprocher du gaulois *vindo*, blanc, et *dago*, bon.

Gwendal

Prénom masculin breton, à rapprocher du gaulois *vindo*, blanc, et *talo*, front. ***Fête le 18 janvier.***

Gwendoline

Prénom féminin, dérivé du prénom gallois Gwendolen, de *gwenn,* blanche (à rapprocher du gaulois *vindo*) et *dolen*, anneau ou arc.

Sainte Gwendoline est l'abbesse de Llanwyddelan (Gwynedd, Pays de Galles), aux VIe et VIIe siècles. ***Fête le 14 octobre.***

Ce prénom, très populaire à la fin du XIXe siècle, est celui de personnages littéraires, notamment de l'héroïne de *Gwendoline* (1885), opéra de Chabrier, et de la fille de Lady Bracknell dans *L'Importance d'être Constant* (1895) d'Oscar Wilde.

Gwenith

Prénom féminin gallois, soit un dérivé de Gwyneth (voir ce prénom), soit de *gwenith*, blé.

Gwenn

Prénom masculin ou féminin en breton, à rapprocher du gaulois *vindo*, blanc, heureux, sacré. En gallois, Gwen est un prénom exclusivement féminin, la forme masculine correspondante étant Gwyn (le gallois ayant, comme le vieux breton, mais au contraire du breton moderne, deux formes pour blanc et blanche). Formes irlandaises : Finn, Fiona (voir ces prénoms).

Gwynn ap Nudd, dans la mythologie galloise, notamment dans le conte gallois médiéval *Kulhwch et Olwen*, apparaît comme un personnage négatif auteur de plusieurs méfaits ; le christianisme en a fait un diable gardien de l'enfer.

Sainte Gwenn, au Ve siècle est notamment la mère de saint Guénolé. Elle est connue sous le nom de *Santez Gwen Teirbronn* et représentée avec trois seins. Elle aurait obtenu le troisième pour allaiter Guénolé, car ses deux fils aînés avaient tari sa poitrine. ***Fête le 18 octobre.***

Gwenc'hlan

Prénom masculin breton. Guinglaff (composé de *gwenn*, blanc) est le nom d'un prophète cité dans une oeuvre en breton du XVe siècle, *An Dialog etre Arzur Roue d'an Bretounet ha Guynglaff*. La Villemarqué l'a transformé en Gwenc'hlan (pour *gouenn c'hlan*, race sainte) dans l'un des premiers chants du *Barzaz Breiz*.

Gwenneg

Prénom masculin breton, à rapprocher du gaulois *vindo*, blanc. Variantes : Winoc, Gwennog.

Saint Winoc, originaire du Pays de Galles (où il est connu sous le nom de saint Winnow), ou d'Armorique, où il serait un neveu du roi Judicaël (voir ce prénom) et de saint Josse (voir ce prénom). Il s'installe à l'emplacement actuel de Bergue (59), et fonde un monastère à Wormhout, où il meurt en 717. ***Fête le 6 novembre.***

Saint Guinoch, conseiller du roi Kenneth (voir ce prénom) Mac Alpin, aurait aidé, par ses prières, à vaincre les Pictes dans sept escarmouches le même jour. Il meurt en 838. ***Fête le 13 avril.***

Gwyneth

Prénom féminin, dérivé du prénom gallois Gwynedd, à rapprocher du gaulois *vindo*, blanc. Le Gwynedd était au Moyen Age une région du nord du Pays de Galles au Moyen-Age. Depuis la réforme administrative de 1974, c'est le nom du comté du nord-ouest qui regroupe l'île d'Anglesey, le Caernafonshire et le Merionethshire.

H, I, J

Hervé

Prénom masculin breton, probablement du breton *houarn* (du gaulois *isarno*) fer, et *bev*, vif. Les Bretons qui accompagnaient Guillaume le Conquérant l'ont popularisé outre-Manche sous la forme de Harvey.

Saint Hervé naît au VIe siècle, aveugle car sa mère avait souhaité qu'il ne connût pas les fausses jouissances du monde. Il se retire dans la solitude avec son guide. Quand un loup dévore l'âne de son guide, Hervé se met en prière, et le loup lui même s'attelle à l'araire. Quand il est question de juger Conomorre, le tyran de Domnonée (voir les prénoms Treveur, Connor), pour le mettre au ban de la chrétienté, il déclare qu'une sentence prononcée du haut du Menez-Bré atteindra plus sûrement le coupable. Le tribunal, composé d'ecclésiastiques, se réunit ; on attend Hervé ; il arrive enfin ; un prélat chuchote à l'oreille de son voisin : «C'est pour ce misérable aveugle qu'on nous fait tant patienter!» Aussitôt, ses yeux lui sortent des orbites. Hervé lui rend la vue. Il fait ensuite jaillir une source sur la montagne pour désaltérer le tribunal. Privé de la vision terrestre, il est gratifié quotidiennement de visions du Paradis. On lui prêtait également une vision de l'avenir : la nuit, on consultait ses oracles sur le Ménez-Bré. Aveugle comme Homère, il est le patron des bardes, des poètes et des musiciens. ***Fête le 17 juin.***

Harvey Birch est le personnage central de *L'Espion* (1821), de Fenimore Cooper, et Harvey Cheyne (avec son père qui porte le même nom) celui de *Capitaine Courageux* (1897), de Kipling.

Hoël

Prénom masculin, du gallois *hywell*, éminent, d'une position élevée et visible. Variantes : Hywel (gallois), Hoel (breton).

Hywel Dda (Hywel le Bon, 916-950). Roi du Seisylwg, il réunit à sa couronne le Dyfed, puis, vers la fin de son règne, en 942, le Gwynedd et le Powys. On lui doit un code de loi qui restera en vigueur jusqu'en 1536. Le Pays de Galles connaît une période de paix et de prospérité, grâce à l'unité du pays et la politique pacifique du souverain.

Hoël, à la fin de XIe siècle est le premier duc de Bretagne de la maison de Cornouaille.

Idris

Prénom masculin gallois, de *iud*, seigneur, et *ris*, ardent, impulsif.

Ita

Prénom féminin irlandais, du vieil irlandais *itu*, soif. Variantes : Íte, Íde.

Sainte Ita, d'origine royale, née près de Waterford, fonde un monastère près de Killeedy (Limerick, Irlande), où elle fonde un monastère. Elle mène une vie austère de prière et de jeûne, avec une dévotion particulière à la Trinité. Elle aurait écrit une berceuse pour l'enfant Jésus, et aurait tenu une école de jeunes garçons. ***Fête le 15 janvier.***

Jarlath

Prénom masculin, dérivé du prénom irlandais Iarlaith, à rapprocher du gaulois *iura*, sommet, *ulati,* prince, chef.

Saint Jarlath, disciple de saint Enda (voir ce prénom), fonde un monastère à Tuam (Galway), qui deviendra la capitale religieuse du Connaught. Il aurait notamment été le maître de saint Brendan de Clonfert. ***Fête le 6 juin.***

Jennifer

Prénom féminin, forme cornique du prénom gallois Gwenhwifar, de *gwen* (à rapprocher du gaulois *vindo*) blanche, heureuse, sacrée, et *hwifar*, doux, ou bien fantôme, esprit, image. Parmi les variantes, la forme Gueniëvre, utilisée en français pour désigner la femme d'Arthur, n'est guère utilisée comme prénom, au contraire des formes galloises et anglaise Gaenor, Gainor, Gaynor, et surtout de la forme cornique Jennifer. Cette dernière forme, restée très locale jusqu'au XXe siècle, a connu un grand succès qui lui vient peut-être du personnage de Jennifer Dubedat, dans *Le Dilemne du docteur* (1905) de G.B. Shaw.

Guenièvre, l'épouse du roi Arthur, apparaît sous le nom de Guanhumara dans l'*Histoire des rois de Bretagne* (vers 1150) de Geoffroy de Monmouth. Sa personnalité se développe littérairement à partir du *Chevalier à la Charrette*, que Chrétien de Troyes compose entre 1176 et 1181 ; elle apparaît alors dans presque tous les romans arthuriens, et devient la dame par excellence des romans courtois, qui contraint son amant Lancelot aux plus grands exploits pour la conquérir. Nouvelle Hélène de Troie, avec laquelle elle est parfois comparée, elle est en partie responsable du désastre final du monde arthurien, car sa relation avec Lancelot jette la discorde parmi les chevaliers.

Josse

Prénom masculin, probablement dérivé du vieux breton *iud*, prince, chef. Variantes : Judoc, Juzeg (breton), Joost (néerlandais). Il s'est probablement répandu en Angleterre par les Bretons qui suivaient Guillaume le Conquérant, sous la forme Joyce, prénom féminin ou masculin. La forme Josselin en dérive peut-être.

Saint Judoc, au VIIe siècle serait le frère cadet de saint Judicaël. Il accompagne onze pèlerins, qui lui confèrent la tonsure. Il devient chapelain de Haymon, duc de Ponthieu pendant sept ans. Puis il se retire à Saint-Josse-sur-Mer (62). Son culte est très répandu dans l'Europe médiévale ; il est le patron des fiévreux et de malades hospitalisés. ***Fête le 13 décembre.***

Judicaël

Prénom masculin breton, du vieux breton *iud*, prince, chef, suivi du suffixe *ig*, et *hael*, généreux. Variante : Jezekael.

Saint Judicaël, est fils du roi de Domnonée (Bretagne nord). A la mort de celui-ci le gouverneur d'un puîné nommé Haeloc, cherchant le pouvoir sous le couvert de son protégé assassine sept des frères.

Judicaël trouve son salut dans la fuite, et se réfugie à l'abbaye de Gael, dans l'actuelle forêt de Paimpont (35). Cinq ans plus tard, Haeloc, devenu aveugle, doit remettre le pouvoir à Judicaël. Vers 636-637, grâce à saint Eloi qui prépare la rencontre, Judicaël signe un traité de paix avec le roi mérovingien Dagobert Ier à Clichy. Il abdique vers 638 pour se retirer dans une abbaye, probablement le monastère de Gaël. ***Fête le 17 décembre.***

K

Kean

Prénom masculin, dérivé du prénom gaélique irlandais Cian, probablement de *cían*, ancien, à rapprocher du gaulois *seno*, ancien.

Keir

Prénom masculin écossais, du gaélique irlandais *ciar*, noir.

Keith

Prénom masculin écossais, probablement d'un nom de lieu signifiant bois ou vent.

Kelin

Prénom masculin cornique, peut-être de *kelin*, sacré, à rapprocher du gaélique *ceall*, église, ou bien du gallois *celyn* (à rapprocher du gaulois *colinno*) houx. Variante : Celyn (gallois).

Saint Celin est le frère des saints Cedde (voir le prénom Cédric), Chad (voir ce prénom) et Cynibill, instruit avec les irlandais, en Northumbrie, au début du VIIe siècle, devient chapelain du roi de Deira Ethelwald. ***Fête le 7 octobre.***

Kelin, fils de Caw, est mentionné dans le conte gallois médiéval *Kulhwch et Olwen.*

Kelan

Prénom masculin, forme anglaise du prénom irlandais Caolán, diminutif de *caol*, svelte.

Saint Caelan, ou Mochae, aurait étudié à la Candida Casa fondée par saint Ninian. il aurait fondé le monastère de Nendrum, dans l'Ile Mahee, dans le lac de Stangford (Down), en Ulster, où il aurait eu pour élève saint Finnian de Moville. Il meurt en 497. ***Fête le 1er janvier.***

Kelly

Prénom masculin, devenu maintenant plus populaire comme prénom féminin, forme anglaise de Ceallagh, probablement dérivé de *ceall*, ou *cill*, monastère, église.

Saint Ceallach, irlandais du VIe siècle, est l'élève de saint Ciaran de Clonmacnoise et devient évêque de Killala. ***Fête le 1er mai.***

Saint Celsus, abbé d'Armagh, dont la famille détenait cette dignité abbatiale depuis 150 ans est reconnu primat d'Irlande, au synode de Rathbreasai de 1111. A sa mort, en 1129, il désigne saint Malachie comme successeur. ***Fête le 1er avril.***

Kelvin

Prénom porté depuis 1920 environ, du nom d'une rivière écossaise qui se jette dans la Clyde.

Kenan

Prénom masculin, à rapprocher du gaulois *seno*, ancien.

Saint Cianan aurait été disciple de saint Martin de Tours, et sacré évêque par saint Patrick. Il est le premier évêque irlandais à construire une cathédrale de pierre, dans le Meath. Son corps serait demeuré sans corruption dans la tombe, à la suite d'un voeu de saint Cairnech. ***Fête le 24 novembre.***

Kendal

Prénom masculin anglais, cornique et gallois, peut-être de Kendal (Cumbria), nom d'une ville composé de Kent, nom de la rivière qui passe dans la ville, et *dal*, vallée.

Kennedy

Prénom masculin, dérivé du nom gaélique irlandais Cinnéidigh, de *ceann*, tête, et *éidigh*, hideux.

Kenneth

Prénom masculin écossais, dérivé de deux prénoms gaéliques : Cinaed, né du feu, et Cainnech, ou Coinech, beau (à rapprocher du gaulois *canto*, blanc, brillant).

Saint Canisius, au VIe siècle, fils d'un barde, est éduqué par saint Finnian à Clonard, où il devient ami de saint Colomba, puis à Lancarvan, au Pays de Galles. De retour en Irlande, il fonde le monastère de Kilkenny. En 564, il aurait accompagné saint Colomba dans sa mission d'évangélisation des Pictes à la cour du roi Brude. Il vit en ermite, jouissant d'une communion avec la nature et les animaux sauvages dans des îles désertes. Il aurait expulsé des souris qui aurait mangé ses chaussures, et aurait obtenu des oiseaux qu'ils fassent silence le dimanche. En Ecosse, ses principales fondations se trouvent sur les îles entourant Iona. Il meurt vers 600. ***Fête le 11 octobre.***

Saint Kined, au VIe siècle, né estropié, est abandonné dans un ruisseau, où l'intervention des anges permet qu'il survive et soit élevé dans la foi chrétienne. Saint David le soigne, mais Kined s'en trouve mécontent et demande à retrouver son infirmité. ***Fête le 1er août.***

C'est le nom de deux rois d'Ecosse, notamment Keneth Mac Alpine, qui, en 843 unit les Pictes et les Scots et est considéré comme le fondateur de l'Ecosse.

Kentigern

Prénom masculin écossais, à rapprocher du gaulois *canto*, blanc, brillant et *tigerno,* chef.

Saint Kentigern, naît vers 518. Sa mère, violée, jetée d'une falaise, puis abandonnée à la dérive dans une barque, débarque à Culross (Fife, Écosse), et le met au monde dans un bois. Il est baptisé et éduqué par l'évêque, qui remarque en lui de grandes qualités et le surnomme Mungo (qui signifierait "bien-aimé"). Plus tard Kentigern va se fixer dans la solitude de la région de Glasgow, mais l'éclat de ses vertus lui attirent de nombreux disciples qu'il groupe en communauté. Un prélat venu spécialement d'Irlande le sacre évêque, "selon les coutumes de Scots et de Bretons". Persécuté par un chef païen, il trouve refuge au pays de Galles, où il serait devenu le premier évêque de Saint Asaph (Clwyd). Il revient vers 573, et, vers 584, échange avec saint Colomba son bâton de pasteur. Il meurt sans doute vers 603. Saint Kentigern est le patron de Glasgow jusqu'à l'établissement du calvinisme en Ecosse. ***Fête le 13 janvier.***

Sainte Kentigerne, irlandaise, soeur de saint Comgan, mère de saint Fillian, se consacre à Dieu après la mort de son mari et vit ses dernières années dans une grande austérité dans une île du Loch Lomond. ***Fête le 7 janvier.***

Keridwen

Prénom féminin gallois, probablement du vieux gallois *cwrr*, bossu, et *ben*, femme, réinterprété ensuite à partir de *cerdd*, poésie et *gwen*, blanche.

Ceridwen, magicienne, est la mère du poète gallois légendaire du VIe siècle Taliesin.

Kevin

Prénom masculin irlandais, forme de Coemgen, à rapprocher du gaulois *canto*, blanc, brillant et *geno*, né, ou bien une forme de Caoimhín, de l'irlandais *caomh*, aimé, avec diminutif.

Saint Kevin naît en 498 d'une noble famille du Leinster (Irlande) évincée de la monarchie. Ses parents le conduisent chez un ermite voisin pour qu'il lui confère le baptême, mais, en chemin, ils rencontrent un ange qui le bénit. L'ermite avisé de cette rencontre, refuse de le baptiser une nouvelle fois. Nourrisson, il ne tête sa mère qu'une fois le soir du vendredi saint et des autres jours de jeûne. Il rend visite à saint Ciaran de Conmacnoise, qui se lève de son lit de mort pour lui donner sa cloche. Cependant, Kevin voyagera peu, se distinguant en cela des autres saints irlandais, persuadé que " l'oiseau ne pond pas ses oeufs en vol ". Sa formation achevée, il s'installe en ermite à Glendalough ("la vallée des deux lacs"). Il y reste sept ans, vêtu de peaux de bêtes, sans voir aucun être humain, se tenant dans le lac jusqu'à la taille pour réciter ses heures, sans autre nourriture que des racines, des orties, de l'oseille, ou des nourritures célestes. Vers 550, il abandonne sa réclusion et accepte des disciples. Il précipite dans les lacs les démons qui peuplaient la vallée et vainc un monstre aquatique. Mais les femmes sont pour lui un aussi grand danger : comme une jeune fille le poursuit de ses assiduités, il se roule dans un buisson d'ortie, en arrache une touffe et en bat vigoureusement sa persécutrice ; il l'aurait même, selon certaines traditions, jetée dans le lac. Chez cet athlète du Christ, la pratique de la prière les bras tient du record : il aurait maintenu cette position pendant sept ans, si immobile que les oiseaux viennent nicher dans ses manches et que les oeufs éclosent dans ses mains ouvertes. Sa perfection dans l'ascèse rejoint l'état de l'humanité avant la chute : les branches et les feuilles des arbres s'inclinent sur son passage et chantent en son honneur ; les loups se couchent à ses pieds ; une loutre lui rapporte son psautier tombé à l'eau sans qu'aucune ligne en soit effacée ; elle le pourvoit également en saumon pour nourrir la communauté des moines. En 618, à l'âge de 120 ans, Kevin charge douze de ses moines de demander à Dieu d'exaucer sa prière. Ce n'est que quand ils se sont exécutés qu'il leur en révèle la teneur : il souhaite mourir, et la prière de ses moines est rapidement exaucée. Il attire encore beaucoup de monde sur son tombeau, un des quatre lieux saints de l'Irlande. Il est l'un des saints patrons de Dublin. ***Fête le 3 juin.***

Keyne

Prénom féminin, forme cornique du prénom gallois Ceinwen, à rapprocher du gaulois *canto*, beau, brillant, et *vindo*, blanc.

Sainte Ceinwen, du Ve siècle, est une des filles de saint Brychan. D'une grande beauté, elle écarte tous ses prétendants pour se faire ermite en Cornouailles, où saint Madoc la persuade de revenir mourir au Pays de Galles. ***Fête le 8 octobre.***

Kiara

Prénom féminin, dérivé du prénom irlandais Ciar, du gaélique *ciar*, noir. Variantes : Keara, Kiera, Cieara, Ciarra.

Sainte Ciara, préparée à la vie religieuse par saint Fintan Munnu, vit à Kilkeary (Tipperary, Irlande). ***Fête le 5 janvier ou le 16 octobre.***

Saint Fingar et sa soeur sainte Ciara, irlandais, sont martyrisés en Cornouailles au Ve siècle. ***Fête le 14 décembre.***

Kieran

Prénom masculin, dérivé du prénom irlandais Ciarán, du gaélique *ciar*, noir, brun, avec diminutif.

Saint Ciaran, irlandais du Ve siècle aurait étudié à l'abbaye de Marmoutier, près de Tours, où il aurait été baptisé et ordonné prêtre. Il est l'un des quatre évêques qui auraient précédé saint Patrick en Irlande. Au retour, il fonde le monastère de Saighir (Serkieran). Il a souvent été confondu avec le saint cornique Piran. ***Fête le 5 mars.***

Saint Ciaran, fils d'un charpentier ambulant, étudie sous la direction de saint Finian de Clonard. Il se munit d'une vache pour se nourrir de lait ; un jeune renard apprivoisé prend ses écrits pour les donner à son maître, jusqu'à ce qu'il devienne assez grand pour manger le cartable. En 549, il fonde le monastère de Clonmacnoise (Meath), sur la Shannon, et meurt neuf mois plus tard, à l'âge de 33 ans. En conformité avec l'humble origine du fondateur, Clonmacnoise restera l'un des rares monastères irlandais où la succession de l'abbé n'est pas héréditaire. Il devient aux VIe et VIIe siècle l'un des plus importants centres d'étude d'Irlande, et survit jusqu'en 1522. ***Fête le 9 septembre.***

Killian

Prénom masculin irlandais, du gaélique *ceall*, ou *cill*, église.

Saint Kilian, moine irlandais de la famille de saint Fiacre, accompagne celui-ci dans sa mission sur le continent, et fonde une abbaye à Aubigny près d'Arras. ***Fête le 13 novembre.***

Saint Killian, moine irlandais, évangélise la Bavière avec Coloman vers la fin du VIIe siècle. Ils convertissent le duc Guzbert, qui demande le baptême, mais qui se voit obligé de renvoyer d'abord sa concubine, l'épouse de son frère. Celle-ci réagit rapidement, et Killian et ses confrères disparaissent soudain, ensevelis avec leurs vases sacrés et leurs ornements liturgiques. ***Fête le 8 juillet.***

Kyle

Prénom masculin écossais, du gaélique *caol*, étroit. C'est le nom d'un détroit en Airshire (Strathclyde).

L

Lachlan

Prénom masculin écossais, à rapprocher du gaulois *luco*, lac et *lanno*, plaine, terre ; il désignait la Norvège et les Vikings. Variante : Lochlann.

Laserian

Prénom masculin, dérivé du prénom irlandais Lasairian, du gaélique *laisair*, flammes. Féminin : Lassar, Lasair, Lassarina, Lasrina.

Saint Laserian, irlandais du VIIe siècle, que le pape Honorius Ier aurait nommé légat apostolique en Irlande, s'y montre un ardent propagateur du calcul romain de la date de Pâques. ***Fête le 18 avril.***

Sainte Lassera, au VIe siècle, est l'élève de saint Finnian de Clonard. ***Fête le 29 mars.***

Llewelyn

Prénom gallois, à rapprocher du nom des dieux gaulois Lug et Belenos.

C'est le prénom de plusieurs princes gallois, parmi lesquels Llewelyn ap Iorwerth (1197-1240), roi du Gwynedd, gendre de Jean-Sans-Terre, qui réussit à s'imposer à l'ensemble du Pays de Galles et à soumettre les seigneurs anglo-normands. C'est grâce à lui que la Grande Charte de 1215 comprend trois clauses relatives au pays de Galles, dont elles reconnaissent l'identité spécifique.

Saints Llewelyn et Gwrnerth, au VIe siècle, sont des moines gallois établis dans l'île d'Anglesey. ***Fête le 7 avril.***

Loïc

Prénom masculin très porté et considéré comme breton à cause de sa consonance ; il vient peut-être d'une faute de transcription de Laouig, diminutif de Guillerm, forme bretonne de Guillaume.

Logan

Prénom masculin écossais, du gaélique *lag*, trou, suivi d'un diminutif. C'est le nom de plusieurs endroits en Ecosse.

Loman

Prénom masculin, forme anglaise du prénom gaélique Lomàn, de *lomm*, nu, suivi d'un diminutif.

Saint Loman est peut-être le neveu de saint Patrick, et serait devenu évêque de Trim (Meath), à la fin du Ve siècle. ***Fête le 17 février.***

Lonan

Prénom masculin, forme anglaise du prénom gaélique irlandais Lonàn, du vieil irlandais *lon*, merle, suivi d'un diminutif.

Saint Lonan Finn, au VIe siècle, était célèbre pour la taille de sa bibliothèque. ***Fête le 22 janvier.***

Lorcan

Prénom masculin, forme anglaise du prénom gaélique irlandais Lorcàn, de *lorc*, féroce, suivi d'un diminutif.

Saint Laurence O'Toole, de son vrai nom Lorcan Ua Tuathail, né en 1128, entre en 1140 au monastère de Glendalough, fondé par saint Kevin, et dont, en 1154, il devient abbé. En 1162 il est sacré archevêque de Dublin. En 1169, les Anglais envahissent l'île à l'appel de certains membres de sa famille. Il est, comme beaucoup de religieux irlandais, contraint par sa fidélité aux papes, qui ont, par deux actes successifs d'Adrien IV, pape anglais, et Alexandre III, confié la souveraineté de l'Irlande au roi d'Angleterre. En 1172, il négocie un traité entre Rory O'Connor, haut-roi d'Irlande et Henri II d'Angleterre. En 1179, avec quatre autres évêques irlandais il participe au troisième concile de Latran, et devient légat pontifical pour l'Irlande. En 1180, pour négocier au nom de Rory O'Connor, il tente de voir Henri II, mais celui-ci refuse de le recevoir ; il suit le roi en Normandie et meurt la même année à Eu (Seine-Maritime). ***Fête le 14 novembre.***

Lughan

Prénom irlandais dérivé de Lug, dieu celtique des arts et des techniques. Variante : Lughaid. Féminin : Luighseach, Luíseach

M

Mabon

Prénom masculin gallois, à rapprocher du gaulois *mapono*, fils. Féminin : Mabyn (cornique).

Maponos, dieu celte de la jeunesse, parfois assimilé à Apollon. Son culte est surtout connu parmi les officiers de l'armée romaine dans le nord de la Grande-Bretagne ; il aurait également été vénéré en Gaule. Mabon, dans le conte Gallois *Kulhwch et Olwen*, est le fils de la déesse galloise Modron, qui a peut-être donné son nom au célèbre recueil médiéval de légendes galloises le *Mabinogi*. On le retrouve en Irlande sous le nom de Mac ind 'Oc, fils du dieu suprême le Dagda.

Sainte Mabyn, une des filles de saint Brychan, aurait fondé Saint Mabyn, en Cornouailles. ***Fête le 21 septembre.***

Macha

Prénom féminin irlandais, peut-être à rapprocher du gaulois *maglo* (vieil irlandais *mag*), grand, ou *mago* (irlandais *mag*), plaine. C'est aussi le diminutif slave de Marie.

Sainte Macha est la patronne de Killiney. ***Fête le 6 février.***

Trois irlandaises légendaires portent ce nom. La première Macha serait morte de sa vision prophétique des ravages causés en Ulster par la *Razzia des vaches de Cooley* ; elle aurait donné son nom à Armagh, Ard, Macha, le mont de Macha. La seconde Macha, fait construire la forteresse d'Emain Macha, aujourd'hui Navan Fort, capitale des anciens rois d'Ulster. La troisie Macha est une déesse que le roi Conchobar (voir le prénom Connor) contraint à la course alors qu'elle est en état de grossesse ; au terme de l'épreuve, elle meurt après avoir accouché de deux jumeaux et maudit l'Ulster en lui infligeant la "maladie des Ulates'', une neuvaine d'impuissance physique, dont Medb (voir le prénom Maeve), reine de Connaught, profitera.

Machan

Prénom masculin écossais, à rapprocher du gaulois *mato*, bon, fortuné, ou d'un élément celtique signifiant ours.

Saint Mathan, disciple écossais de saint Cadoc, il étudie en Irlande. Il aurait été consacré évêque de Saintes à Rome, avant de revenir à Campsie, au nord de Glasgow, où il travaille, meurt et est enterré. ***Fête le 28 septembre.***

Machar

Prénom masculin écossais, peut-être du vieil irlandais *mag* (à rapprocher du gaulois *maglo*), grand.

Saint Machar vient d'Irlande à Iona, puis évangélise l'île de Mull (Hébrides intérieures), puis, vers 580, les Pictes dans la région d'Aberdeen. ***Fête le 12 novembre.***

Madeg

Prénom masculin breton, à rapprocher du gaulois *mato*, bon, fortuné. Variantes : Madoc (gallois), Masek (cornique).

Saint Madoc de Ferns est plus connu sous le nom de saint Aidan (voir ce prénom). ***Fête le 31 janvier.***

Saint Madoc, moine du VIIe siècle, accompagne saint Winoc en Thérouanne, et participe à la fondation du monastère de Wormhout (59). ***Fête le 23 février.***

Plusieurs personnages de ce nom apparaissent dans les contes médiévaux gallois : Madawc ap Teithyon dans *Kulhwch et Olwen*, Madawc ap Twrgadarn dans *Gereint fils d'Erbin*, Madawc ap Maredudd le *Songe de Rhonabwy*.

Maël

Prénom masculin breton, à rapprocher du gaulois *maglo*, prince, chef.

Saint Mel, neveu de saint Patrick aurait été le premier évêque d'Ardagh et le maître de sainte Brigitte. ***Fête 6 février.***

Saint Maël, disciple de saint Catman, vit en ermite sur l'île Bardsey (Gwynedd). ***Fête le 13 mai.***

Sainte Melle, au VIIIe siècle, se consacre à Dieu à l'abbaye de Loughrea (Galway). ***Fête le 9 mars.***

Saint Maelruain fonde en 774 le monastère de Tallaght. Il impose un retour à la stricte discipline des grands saints du VIe siècle. Il devient le principal animateur du mouvement Culdée en réaction contre le relâchement des "gens de vieille église". ***Fête le 7 juillet.***

Saint Maelrubba, aux VIIe et VIIIe siècles, moine de Bangor (Down), évangélise la côte ouest des Highlands, en Ecosse, et les Hébrides intérieures. ***Fête le 21 avril.***

Maeve

Prénom féminin, forme anglaise du prénom irlandais Meadhbh, du gaélique *meadhbhán*, enivrant, à rapprocher du gaulois *medu*, qu'on retrouve en irlandais sous la forme *mid*, hydromel.

Medb est la reine du Conaught dans le cycle de la Branche Rouge. Elle est assimilée à la boisson enivrante, c'est à dire au pouvoir que le roi reçoit d'elle, une incarnation de la souveraineté. "Jamais sans un homme dans l'ombre d'un autre", elle épouse Conchobar (voir le prénom Connor), roi d'Ulster, puis deux rois, puis Ailill ; elle a de plus de nombreux amants. Comme elle s'aperçoit qu'Ailill est plus riche qu'elle d'un taureau magnifique, et que ce déséquilibre risque d'entraîner la primauté de son mari, elle décide de se procurer l'équivalent, qui se trouve en Ulster, provoquant ainsi la *Razzia des vaches de Cooley*, l'épisode le plus célèbre du *cycle de la Branche rouge*. Elle profite de la "maladie des Ulates'' (voir le prénom Macha) pour les attaquer. Mais Cuchulain empêche son armée des franchir le gué décisif. Enfin, les Ulates, se réveillant de leur léthargie, vainquent le Conachtiens. Plus tard, Medb est elle même tuée par le fils de Conchobar, pendant qu'elle se baigne dans un étang. Son nom a été rapproché de Mab, reine des fées qui apparaît dans *Roméo et Juliette* de Shakespeare.

Magloire

Prénom masculin, à rapprocher du gaulois *maglo*, prince, chef.

Saint Magloire suit l'enseignement de saint Iltud au monastère de Llancarvan. Avec saint Samson, il traverse la Manche et débarque à Dol ; en 565, il lui succède comme évêque de Dol ; en 568, il se démet au profit de saint Budoc pour finir ses jours dans la solitude, d'abord près de Dol, puis dans l'île de Sercq. ***Fête le 24 octobre***.

Saint Mélar, au VIe siècle, est le fils de Miliau roi de Cornouaille, assassiné par son frère Rivod quand Mélar n'a que sept ans. Pour empêcher Mélar de régner, Rivod lui fait couper le pied gauche et la main droite, afin qu'il ne puisse ni manier l'épée ni monter à cheval ; mais Mélar reçoit une main d'argent et un pied de bronze qui lui rendent sa force et son adresse. Rivod, plus expéditif, le fait assassiner. ***Fête le 2 octobre.***

Malcolm

Prénom masculin écossais, du gaélique Mael Coluim, dévot de saint Colomba, dérivé de *colum*, colombe. Variantes : Colm, Colum (irlandais), Calum (écossais). Dérivé : Colman (voir ce prénom).

Saint Colomba, qui appartient au clan royal des O'Neill, se consacre très jeune à Dieu à l'abbaye de Clonard, (Meath, Irlande), où il est élève de saint Finnian. Il fonde les monastères de Durrow (Offaly) et de Kells (Meath). En 563, il aurait manqué d'être excommunié, pour des raisons mal connues, selon la légende, à cause d'une bataille causée par une controverse avec Finnian (voir ce prénom) de Moville. Ebranlé par le carnage qu'il a provoqué, il se soumet à la décision d'un synode qui l'enjoint de gagner le Nord de la Grande-Bretagne pour sauver autant d'âmes qu'il en est mortes à cause de lui. Il aborde à Iona, une île au large de l'île de Mull, minuscule et nue, mais qui convient à la tradition monastique celtique, et qui fait alors partie du Dalriada, établissement irlandais au nord de la Grande-Bretagne. En 564, peut-être accompagné de saint Comgall et saint Canisius (voir le prénom Kenneth), il rend visite à Brude, roi des Pictes, se livre avec un druide à un duel de magiciens d'où il sort vainqueur, puis ouvre d'un signe de croix les portes de la forteresse royale. Il aurait aussi vaincu et contraint à retourner dans les profondeurs un monstre dans le Loch Ness, première mention connue du célèbre Nessie. En 597, il meurt à Iona, l'année même où saint Augustin de Canterbury arrive en Grande-Bretagne, et imposera, par le sud de l'île, une évangélisation plus proche des traditions romaines. ***Fête le 9 juin.***

Malcolm est le prénom de quatre rois d'Ecosse, parmi lesquels Malcolm III Canmore, fils de Duncan, qui vainc Macbeth en 1057 et règne jusqu'en 1093. C'est aussi le prénom de Malcolm Lowry (1909-1957), écrivain britannique, et de Malcolm Little, dit Malcolm X (1925-1965), homme politique américain, un des dirigeants de Black Muslims.

Malo

Prénom masculin breton, de *mac'h*, garantie, gage, otage et de *luh* (à rapprocher du gaulois *lovo* et de l'irlandais *lo*), qui signifie probablement lumière ; il s'agit sans doute d'une référence à la coutume celtique selon la quelle chaque nouveau roi élu prélevait sur ses vassaux des otages de familles nobles, en gage de leur fidélité. Variante : Maclou.

Saint Malo, aurait été un disciple de saint Brendan (voir ce prénom) de Conflert, qui l'aurait baptisé et emmené avec lui dans ses célèbres voyages. Il serait le héros de l'un des épisodes les plus célèbres de ces voyages : au matin de Pâques, au moment de la messe, une petite île apparaît ; les moines y abordent ; Malo est désigné pour chanter la messe ; au moment de la fraction de l'hostie, l'île se met en mouvement et s'avère être une baleine ; Malo achève la célébration et rejoint le navire après tous les autres moines. Plus tard, il s'installe sur une île, site actuel de Saint-Malo. Il devient évêque d'Alet (actuellement Saint Servan), et tente de s'opposer aux désordres, notamment l'inceste. Il est probable que ses rigueurs irlandaises lui causent des difficultés avec les Alétiens. S'estimant persécuté, il gagne la Saintonge. L'épidémie et la famine frappent les Alétiens, qui le supplient de revenir. Il accède à leur requête, obtient la fin des calamités par ses prières, et retourne en Saintonge où il meurt vers 640. ***Fête le 15 novembre***.

Henri-Théophile-Malo Corret de Kerbauffret de La Tour d'Auvergne, publie en 1790 les *Nouvelles recherches sur les langues, l'origine et l'antiquité des Bretons pour servir à l'histoire de ce peuple*, et, en 1792, *Les Origines gauloises* où il recherche les origines celtiques d'une grande partie des peuples européens. En 1800, il est tué à Oberhausen, peut après que Bonaparte lui a décerné le titre de premier grenadier de la France.

Malvina

Prénom féminin, inventé par Macpherson au XVIIIe siècle, sans doute du gaélique *mala*, sourcils, et *minich*, lisse. Le nom est devenu populaire en Scandinavie du fait du goût de Napoléon pour la littérature ossianique (voir le prénom Oscar).

Melaine

Prénom masculin, à rapprocher du breton *melen*, doré, jaune, blond. Variantes : Melen, Melan (breton).

Saint Melaine devient évêque de Rennes vers 500. Il aurait négocié avec Clovis un accord entre Francs et Bretons. En 511, il assiste au concile d'Orléans, qui consacre l'alliance entre l'église et la monarchie mérovingienne. ***Fête le 6 novembre***.

Saint Mellon, au IIIe siècle, serait né à Llanlleurog, devenu Saint Mellon, près de Cardiff. Il devient le premier évêque de Rouen, où il meurt vers 313. ***Fête le 22 octobre.***

Melwyn

Prénom féminin cornique, de *mel*, miel, et *gwyn* (à rapprocher du gaulois *vindo*), blanc.

Melionwen

Prénom féminin cornique, du nom cornique de la violette.

Melyor

Prénom féminin cornique, de *mel*, miel.

Meredith

Prénom gallois masculin ou féminin, du gallois *mawr* (à rapprocher du gaulois *maro*), grand, et *iudd*, seigneur. Variante : Maredudd.

Meriadec

Prénom masculin breton, probablement de *mor*, mer (à rapprocher du gaulois *more*, mer), et du vieux breton *iatoc*, front. Variantes : Meryasek (cornique), Meriadeg (breton).

Saint Mériadec, sans doute originaire du pays de Galles, évangélise les Cornouailles, puis débarque près de Saint-Jean-du-Doigt. Il se fixe dans la région de Pontivy (56) et meurt à Vannes en 666 le jour où il est emmené de force pour remplacer l'évêque. ***Fête le 7 juin***.

Dans l'*Histoire de Meriadoc, roi de Cambrie*, du début du XIIIe siècle, Griffith, qui a tué son frère, le roi Caradoc, abandonne son neveu Mériadoc dans une forêt. Un chasseur le recueille et l'élève. Arthur et Urien font exécuter Griffith et rétablissent Mériadoc.

Meven

Prénom masculin breton, du moyen breton *mau*, jeune, gai, à rapprocher du gaulois *camulo*, signifiant bien portant, fort, grand.

Saint Méen naît dans le Gwent, au sud du Pays de Galles, accompagne saint Samson en Armorique vers 545. Il fonde le monastère de Gaël, puis une dépendance qui portera son nom, où il meurt en 617 et où se trouve son tombeau. ***Fête le 21 juin***.

Moira

Prénom féminin irlandais, écossais et anglais, dérivé de l'irlandais Máire, forme de Marie.

Mona

Prénom féminin, forme anglaise du prénom irlandais Muadhnait, diminutif féminin de *muadh*, noble, ou bien dérivé de Môn, nom gallois d'Anglesey.

Sainte Muadnat est honorée à Drumcliff (Siglo). ***Fête le 6 janvier.***

Moran

Prénom masculin breton, à rapprocher du gaulois *maro*, grand, ou *more*, mer. Variantes : Merryn (cornique), Morann (irlandais). Féminins : Moreen (anglais), Muireann, Muirín (irlandais).

Saint Moran a laissé son nom dans la toponymie de la basse vallée de l'Odet (29), à Plomelin et Sainte-Marine ; il est également le patron de Saint Merryn (Cornwall). ***Fête le 4 avril.***

Morgad

Prénom masculin breton, à rapprocher du gaulois *more*, mer, et *catu*, combat. Variantes : Murchadh (irlandais et écossais), Murdo, Murdoch (écossais), Murrough (anglais).

Saint Morgad a donné son nom à Morgat (29), et à Plumergat (56).

Saint Muredach, est parfois donné comme disciple de saint Patrick, mais est plus probablement un contemporain de saint Colomba. Il fonde un monastère à Innismurray (Siglo, Irlande), une petite île fertile, où il reste des ruines d'un fort, d'oratoires et de cellules monastiques. Il est le premier évêque de Killala (Mayo). ***Fête le 12 août.***

Morgane

Prénom féminin, probablement à rapprocher du gaulois *mori*, mer, et *cantalo*, bord d'un cercle, cercle, ou *geno*, né. Il peut être proposé comme équivalent de sainte Pélagie (***fête le 8 octobre***). La forme masculine Morgan peut être proposée comme équivalent de saint Pélage (***fête le 23 mars***).

Morgan Tud, dans le conte gallois médiéval *Gereint fils d'Erbin*, est le chef des médecins de la cour d'Arthur.

Dans le cycle tristanien, Morgan est un seigneur qui dépouille le père de Tristan de ses terres.

Morgane, personnage fabuleux du cycle breton, demi-soeur d'Arthur, apparaît d'abord dans les chansons de *Merlin* de Robert de Boron (XIIe-XIIIe siècle) et d'*Ogier le Danois* de Raimbert de Paris (XIIe siècle). Dans la forêt de Brocéliande, le Val sans Retour, ou Val des Faux Amants, la fée Morgane, trahie par son amant et désireuse de se venger des hommes, enferme les chevaliers infidèles à leur dame ; Lancelot réussit l'épreuve et délivre les chevaliers d'Arthur prisonniers, car il était fidèle à la reine Guenièvre. Morgane tente de le séduire, mais il la repousse ; Morgane se venge en dénonçant à Arthur sa liaison avec Guenièvre. Quand Arthur est blessé, Morgane le transporte sur l'île d'Avallon et veille sur son sommeil.

Morna

Prénom féminin, forme anglicisée de Muirne, qui signifie aimée. Morna est la mère de Fingal (voir ce prénom) chez Macpherson.

Morvan

Prénom masculin breton, à rapprocher du gaulois *mori*, mer, et *mano*, homme.

Saint Molvan (ou Morvan) est le patron d'une chapelle en Cléguérec. ***Fête le 22 septembre***.

Morvan, chef breton du IXe siècle, refuse de reconnaître l'autorité de l'empereur Louis le Pieux. Celui-ci, en 818, mène une expédition contre lui, au cours de laquelle il est vaincu et tué.

Morven

Prénom féminin, probablement d'un nom de lieu entre Perth et Aberdeen, du gaélique *mór* (à rapprocher du gaulois *maro*), grand et *bhein*, pic. Macpherson en fait le nom du royaume de Fingal (voir ce prénom). Variante : Morvyn.

Morven le Gaëlique est le pseudonyme sous lequel Max Jacob (Quimper,1876-camp de Drancy, 1944) collabore à la revue nantaise de poésie *La ligue de Coeur* ; écrit au début du siècle, ces poèmes ne seront édités qu'après sa mort (1950).

Morwen

Prénom féminin gallois et cornique, probablement à rapprocher du gaulois *more*, mer, et *vindo*, blanc, ou bien du gallois *morwyn*, jeune fille. Variante : Morwenna.

Sainte Morwenna vit au Ve siècle en Cornouailles. ***Fête le 5 juillet.***

Muriel

Prénom féminin, forme anglaise du prénom gaélique écossais Muireall, de *muir* (à rapprocher du gaulois *more*), mer, et *gheal*, blanche. Variantes : Merryl, Miriel. Il peut être proposé comme équivalent de sainte Pélagie (***fête le 8 octobre***).

Muriel est le personnage central de *Muriel* (1994), film de P. J. Hogan.

Murray

Prénom masculin écossais, du nom du district, au nord-ouest de l'Ecosse, qui résulterait d'un peuplement de bord de mer, du gaélique *muir* (à rapprocher du gaulois *more*), mer, ou bien une forme contractée de Muireadhach (voir le prénom Morgad). Il peut être proposé comme équivalent de saint Pélage (***fête le 23 mars***).

N

Neil

Prénom masculin, dérivé du prénom irlandais Niall, sans doute du gaélique *niall*, héros, champion, guerrier, ou *nél*, nuage. Variante : Nigel (forme influencée par le latin *niger*, noir). Dérivés : Niallán, Nolan (avec diminutif), Nelson (avec le suffixe anglais *son*, fils).

Niall aux neuf otages, haut-roi légendaire de Tara, aurait régné de 379 à 405. Il est l'ancêtre de la dynastie des O'Neill. Il serait le dernier roi païen d'Irlande ; saint Patrick aurait converti son fils, Laoghaire, qui lui succède.

Nigel Olifaunt est le personnage central des *Fortunes de Nigel* (1822) de Walter Scott. Neil Duncan est un personnage de *Catriona* (1893), de Stevenson.

Neven

Prénom masculin breton, peut-être du vieux breton *nom*, temple, à rapprocher du gaélique irlandais *naomh*, saint, et du gaulois *nemeto*, sanctuaire, ou *nemo*, ciel. Variantes : Nevenoe (breton), Naomhin, Nevin, Niven (irlandais).

Nominoë, représentant en Bretagne des Carolingiens, entre en révolte contre Charle le Chauve : il s'empare de Nantes et Rennes, et, en 845, contraint le roi à fuir lors de l'escarmouche de Ballon. L'année de sa mort, en 851, son fils se fait reconnaître le titre de roi des Bretons. Il est considéré comme un saint en Bretagne. ***Fête le 7 mars.***

Niamh

Prénom féminin irlandais, qui signifie éclat, beauté.

Niamh aux cheveux d'or est la fille du dieu de la mer, Manannan Mac Lir. Amoureuse d'Ossian, fils de Finn Mac Cool, elle le transporte dans le pays de la jeunesse éternelle, Tír na nOg.`

Ninian

Prénom masculin, parfois féminin, à rapprocher du vieux breton *nin*, élévation.

Saint Ninian reçoit son instruction et est sacré évêque à Rome. Sur le chemin du retour, il aurait rendu visite à saint Martin à Tours, qui lui fait connaître la vie monastique. En 397, il établit la première mission chrétienne au nord du mur d'Hadrien, à Withorn (Dumfries et Galloway, Ecosse). Sa renommée se propage rapidement, et saint Patrick, originaire des environs, aurait étudié avec lui. Son influence est déterminante, mais la mission de saint Colomba (voir le prénom Malcolm), postérieure de 150 ans, l'éclipse. ***Fête le 26 août.***

Saint Tenenan naît au Pays de Galles à la fin du VIe siècle. Miraculeusement beau, il prie Dieu de le défigurer en le gratifiant de la lèpre la plus répugnante pour échapper aux avances des femmes. En Armorique, il devient évêque de Léon et meurt vers 635. ***Fête le 16 juillet.***

Deux personnages du nom de Nynhiaw apparaissent des contes gallois médiévaux : dans *Kulhwuch et Olwen*, c'est un homme que Dieu a transformé en boeuf pour ses péchés, dans *Llud et Llewelys*, c'est l'un des frères de Llewelys.

Nennius serait l'auteur de l'*Histoire des Bretons*, histoire légendaire de la Grande-Bretagne, du début du IXe siècle, une des traces les plus anciennes du mythe arthurien.

Nolwenn

Prénom féminin breton, probablement dérivé de *Noal* ou *Noyal,* toponyme sans doute gaulois, et du breton *gwenn* (à rapprocher du gaulois *vindo*) blanche, heureuse, sacrée.

Sainte Nolwenn, fille d'un prince de Cornouailles, au VIe siècle, traverse la manche sur une feuille et cherche la solitude dans la région de Vannes pour y vivre en ermite. Un chef local cherche à la séduire ; elle le repousse ; il la décapite. Nolwen prend sa tête dans ses mains et part à la recherche d'un lieu de sépulture. Arrivée sur le site de Sainte-Noyale, après un jour et une nuit de marche, elle s'assoit sur une pierre. Trois gouttes de sang s'échappent de ses doigts ; trois sources jaillissent. Elle fiche son bâton en terre ; il devient aubépine. Elle meurt enfin. ***Fête le 6 juillet.***

O, P

Olwen

Prénom féminin gallois, de *ôl*, trace de pas, et *gwen* (à rapprocher du gaulois *vindo*), blanc. Variantes : Olwyn, Olwin.

Dans le conte gallois médiéval *Kulhwch et Olwen*, Olwen est la fille du chef des géants Yspaddaden. Les fleurs qui poussent sous ses pas expliquent son nom. Yspaddaden, exige de Kulhwch une série d'épreuves pour lui permettre de l'épouser. Kulhwch accomplit les épreuves, tue Yspaddaden et épouse Olwen.

Oran

Prénom masculin irlandais, de *odhar*, brun, gris, suivi d'un diminutif. Variante : Odran. Féminin : Orna.

Saint Odran est l'un des moines irlandaisqui accompagne saint Colomba (voir le prénom Malcolm) à Iona, et meurt en 563, peu après leur arrivée. ***Fête le 27 octobre.***

Oscar

Prénom masculin, du gaélique irlandais *os*, cerf, et *cara*, ami.

Oscar, dans la mythologie irlandaise, est le fils d'Ossian et le petit fils de Finn MacCool. En révolte contre le roi d'Irlande, il tue le roi, mais est mortellement blessé. *La mort d'Oscar* est l'un des premiers poèmes des *Fragments d'Ancienne Poésie* (1759) de Macpherson, qui, attribués à Ossian, exercent une influence exceptionnelle dans l'Europe romantique. Napoléon, grand admirateur de Macpherson, donne en 1799 ce prénom à son filleul, fils de Bernadotte ; le filleul, succédant à son père, devient roi de Suède en 1844 sous le nom d'Oscar Ier de Suède. Oscar II (1829-1907) est roi de Suède de 1872 à 1907. Oscar Wilde (1854-1900) devrait son prénom à Oscar de Suède, qui avait été traité par son père, chirurgien des yeux.

Patrick

Prénom masculin, forme anglaise, devenue la plus commune également en français, de Patrice, du latin *patricius*, patricien, aristocrate romain.

Saint Patrick naît vers 389 sur la côte ouest de la Grande-Bretagne. Vers 405, des pirates irlandais l'enlèvent et le vendent comme esclave, et il ne parvient à s'enfuir qu'en 411. Il aurait ensuite étudié au monastère de l'île de Lérins, puis à Auxerre, où, vers 431, saint Germain le sacre évêque. Vers 432, il retourne en Irlande, et à la cour de Tara, il convainc Loegaire, haut-roi d'Irlande, de le laisser travailler en paix. Vers 441, il va à Rome rendre compte au pape de son apostolat. Au retour, en 445, il aurait fondé, près d'Emain Macha l'église d'Armagh qui devait devenir la capitale religieuse de l'Irlande. Vers 457, il se retire dans la solitude à Saul (Down). Il y meurt en 461 ou 490. La Saint-Patrick est la fête nationale de l'Irlande ; l'emblème du pays est le trèfle, que le saint utilise un jour qu'il prêche sur la Trinité, le mystère du Dieu unique en trois personnes. Sa vie, entourée de légendes et d'incertitudes, montre deux personnages en un seul : l'humble missionnaire, le magicien. L'importance du missionnaire est toutefois mise en cause par la présence d'évangélisateurs antérieurs, notamment Ailbe (voir le prénom Alban) d'Imlech , Declan (voir ce prénom) d'Ardmore, Ciárán (voir le prénom Kieran) de Saigir et par le caractère très incomplet de la christianisation de l'Irlande à sa mort. Le magicien est notamment illustré par la légende du Purgatoire de saint Patrick (voir le prénom Yves). ***Fête le 17 mars.*** La fête de saint Patrick le 5 avril commémore son arrivée en Irlande.

Deux héros irlandais portent ce prénom : Patrick Sarsfield (1650-1693), héros jacobite, défenseur de Limerick contre les Anglais en 1691, et Patrick Pearse (1879-1916), qui tente, lors de la "Pâques sanglante" de 1916 une insurrection à Dublin contre les Anglais, et est fusillé peu après.

R

Rémi

Prénom masculin, peut-être du latin *remex*, rameur, comme le laisse penser la forme latine du prénom Remigius. Il vient plus probablement des *Remi*, nom latin des Rèmes (dont le nom signifierait premiers, d'une forme indo-européenne *preimo*), peuple gaulois qui se soumet librement à César ; établis autour de la cité de Durocortorum, qui, au Moyen-Age, prend leur nom, sous la forme de Reims. Variante : Rémy.

Saint Rémi naît à Laon vers 437 et est sacré évêque de Reims vers 466. En 486, après la victoire de Clovis sur Syagrius, l'évêque se rallie au roi des Francs après que celui-ci a restitué à la cathédrale le butin pris à Soisson. Après la victoire de Tolbiac sur les Alamans, il baptise Clovis, à une date traditionnellement située le 25 décembre 496, et aurait prononcé la célèbre formule : "Courbe-toi, fiers Sicambre, adore ce que tu as brûlé, brûle ce que tu as adoré". Il organise l'évangélisation de l'est de la Gaule et meurt à Reims vers 533. ***Fête le 13 janvier.***

Plusieurs personnages célèbres portent ce prénom : Remi d'Auxerre, théologien du IXe-Xe siècle, Remi Belleau (1528-1577), érudit et poète français, Remi Excelmans (1775-1852), maréchal et pair de France, Remy de Gourmont (1858-1915), écrivain français.

Rhian

Prénom féminin gallois, du gallois *rhiain*, jeune fille. Variante : Rhiain. Dérivé : Rhianwen (avec *gwenn*, blanche).

Rhiannon

Prénom féminin gallois, probablement dérivé de Rigantona, grande reine.

Dans la première branche du *Mabinogi*, récite mythologique gallois, Pwyll poursuit Rhiannon sans pouvoir la toucher jusqu'à ce qu'il l'appelle et qu'elle lui déclare son amour. Au bout de trois ans de mariage, elle met au monde un fils ; accusée de l'avoir tué, elle doit servir de monture, jusqu'à ce que l'enfant soit retrouvé. Elle réapparaît dans la troisième branche du *Mabinogi* : après la mort de Pwyll, elle épouse Manawydan, frère de Bran le Béni et Branwen (voir ces prénoms), qui règne avec elle sur le Dyfed.

Rhodri

Prénom masculin gallois, à rapprocher du gaulois *roto*, roue, et *rig*, roi.

Rhodri Mawr (Rhodri le Grand), roi du Gwynedd au IXe siècle, annexe le Powys et le Seisyllwg ; en 855, il met en déroute des pillards normands, une de leurs premières défaites.

Rhys

Prénom masculin gallois, du gallois *rhys*, ardeur, passion.

C'est le nom de plusieurs princes gallois, parmi lesquels Rhys ap Gruffyd (1164-1197), qui conclut une alliance avec Henri II d'Angleterre en 1171 ; connue sous le nom de Lord Rhys, il développe les lettres et les arts et organise à Cardigan, en 1176, une des premières compétitions à l'origine des *eisteddfodau*.

Rieg

Prénom masculin breton, à rapprocher du gaulois *rig*, roi.

Saint Rioc, fils d'un seigneur païen d'Elorn (région de Landerneau), est désigné comme prochaine victime du dragon qui terrorise la région. Saint Derrien et saint Néventer débarrassent le pays du monstre et le sauve. Rioc se convertit et vit en ermite pendant 41 ans, puis à l'abbaye de Landévennec. ***Fête le 12 février.***

Riwal

Prénom masculin breton, à rapprocher du gaulois *rig*, roi, et *gala*, valeur, valeureux.

Saint Riwal, au VIe siècle, aurait été le premier prince de Domnonée (nord de la Bretagne). Il débarrasse l'Armorique d'une bande de Frisons, et serait à l'origine de deux évêchés de Domnonée : il fait don de terre à son cousin saint Brieuc et à son neveu saint Tudual, où ils fondent des monastères qui deviendront Saint-Brieuc et Tréguier. ***Fête le 15 juillet.***

Rodan

Prénom masculin irlandais, diminutif du prénom Ruadh, à rapprocher du gaulois *roudo*, rouge, suivi d'un diminutif. Ruadh a dérivé en Roy en anglais (réinterprété comme venant du vieux français *roy*, roi), devenu populaire grâce au roman de Walter Scott *Rob Roy*. Variantes : Ruadhán (gaélique irlandais), Ruadan. Féminin : Ruanhnait, Rowan.

Saint Ruadhan, au VIe siècle, disciple de saint Finian de Clonard, fonde un monastère à Lorrha (Offaly). Le haut-roi d'Irlande ayant envahi son monastère pour capturer le roi de Connaught qui s'y était réfugié, Ruadhan aurait prononcé un anathème contre Tara, et aurait ainsi contribué à la chute de ce centre royal de l'Irlande pré-chrétienne. ***Fête le 15 avril.***

Ronan

Prénom masculin irlandais et breton, peut-être de l'irlandais *ronán*, petit phoque, animal familier aux Irlandais.

Saint Ronan est un évêque du sud de l'Ecosse, popularisé par le roman de Walter Scott *Le Puits de saint Ronan*. Le saint s'installe dans la vallée de la Tweed, et en chasse le diable, ce que les jeux de Saint Ronan, une semaine de fête au mois de juillet, commémorent à Innerleithen (Border). ***Fête le 7 février.***

Saint Ronan serait né en Irlande, devient moine, puis évêque, traverse la Manche. Il s'installe dans la forêt de Nevet, en Cornouaille, sur le site de l'actuel Locronan. Un paysan l'aide à s'installer et lui devient tout dévoué le jour où Ronan commande à un loup de rendre la brebis qu'il a volé. Kébèn, la femme du paysan, furieuse de voir son mari perdre son temps avec le saint en contemplation, poursuit

Ronan de ses calomnies : s'il commande aux loups, c'est qu'il a partie liée avec eux. Elle ne parvient cependant pas à monter durablement la population contre lui. Elle enferme sa propre fille dans un coffre, où elle meurt, et accuse Ronan de sa disparition. Gradlon, roi de Cornouaille, le soumet au jugement de Dieu : des chiens enragés sont lancés contre lui. Il les pacifie d'un signe de croix, retrouve l'enfant et la ressuscite. Kébèn l'accuse encore d'avoir voulu la séduire ; lassé, Ronan part. Saint-René, entre Lamballe et Saint-Brieuc, marque le lieu de sa dernière retraite. Son corps est ensuite transporté à Locronan. ***Fête le 1er juin.***

Rory

Prénom masculin, forme anglicisée du gaélique Ruaidhrí, à rapprocher du gaulois *roudo*, rouge, et *rig*, roi. Variantes : Ruairi, Ruaraidh (gaélique écossais).

Rory O'Connor est le dernier haut-roi d'Irlande, qui, en 1175, doit reconnaître la domination anglaise autour de Dublin.

Ross

Prénom masculin, de noms de lieux irlandais et écossais, peut-être du gaélique *ros*, promontoire, péninsule.

Ryan

Prénom masculin, du gaélique irlandais Rigan, à rapprocher du gaulois *rig*, roi, suivi d'un diminutif.

Saint Rhian, abbé, a probablement laissé son nom à Llanrhian (Dyfed, Pays de Galles). ***Fête le 8 mars.***

S

Scott

Prénom masculin, dérivé du nom que se donnaient eux-mêmes les Irlandais, et qu'on trouve en latin à partir du IVe siècle. Ce n'est que progressivement (vers le Xe siècle) que le nom se spécialise pour désigner les Irlandais installés au nord de la Grande-Bretagne (voir les prénoms Fergus et Malcolm), puis les habitants du royaume qu'ils forment avec les Pictes (voir le prénom Kenneth).

Deux importants philosophes médiévaux portent ce prénom.

Jean Scot Erigène (dont le nom signifie Jean l'Irlandais né en Irlande), au IXe siècle est l'auteur de plusieurs oeuvres, dont *De la division de la Nature* où il envisage l'ensemble du monde, Dieu compris, en les inscrivant dans les catégories de créés et créant, ce qui a pu le faire taxer de panthéisme.

Le bienheureux Jean Duns Scot, né à Duns (Border, Ecosse) vers 1266, est surnommé "le Docteur subtil'' en raison de son habileté à manier la dialectique. Elle lui sert, dans son *Opus oxoniense*, à réfuter sur bien des points l'aristotélisme et le thomisme. Sa philosophie, qui s'inscrit dans la lignée augustinienne, affirme la priorité de la foi et de la volonté sur la raison. Il enseigne à Cambridge, Oxford, Paris, d'où il est expulsé en 1303 pour refuser de soutenir la politique gallicane de Philippe le Bel contre les prérogatives pontificales. Il enseigne à Cologne, où il meurt en en 1308. Jean-Paul II l'a béatifié en 1993. ***Fête le 8 novembre***.

Plusieurs personnages célèbres portent également ce prénom : Scott Joplin (1868-1917), maître du ragtime, Scott Fitzgerald (1896-1940), romancier américain, Scott Ross (1951-1989), claveciniste.

Sean

Prénom masculin irlandais, forme de Jean. Variante : Shane. Plusieurs personnages célèbres portent ce prénom : Sean O'Casey (1883-1964), auteur dramatique irlandais, Sean Macbride (1904-1988), homme politique irlandais, un des fondateurs d'Amnesty

International, et prix Nobel de la paix 1974, Sean Connery, acteur anglais né en 1930, et Sean Penn, cinéaste américain né en 1961.

Segal

Prénom masculin breton, à rapprocher du gaulois *seno*, aîné, ancien, et *cara*, parent, ami.

Saint Ségal aurait vécu en ermite sur l'Ile-Ségal en Lampaul-Pouarzel (29). ***Fête le 18 octobre.***

Senan

Prénom masculin, à rapprocher du gaulois *seno*, ancien. Variante : Seanán (gaélique irlandais).

Saint Senan, en Irlande au VIe siècle, aurait fondé plusieurs monastères, notamment celui de Scattery Island, près de Kilrush (Clare), dans l'estuaire de la Shannon. Il serait peut-être également le patron de Sennen (Cornwall). Il meurt en 544. ***Fête le 8 mars.***

Shannon

Prénom masculin et féminin, d'après le nom du principal fleuve d'Irlande, qui devrait son nom à la déesse irlandaise Sinann.

Sheila

Prénom féminin, forme anglicisée du prénom Síle, forme gaélique de Cécile.

Sidney

Prénom masculin, peut-être dérivé du nom gallois des Saxons, *Seiznig*. Variantes : Sezni, Sezneg (breton).

Saint Sezni, ou Sané, ou Sithney, à donné son nom à Sythney, près de Helston (Cornwall), à Guissény et Plouzané dans le Léon (29) et peut-être à Sydney, en Australie. Dieu lui ayant révélé qu'il serait le patron des jeunes filles, il lui aurait demandé de le dispenser de la tâche, car elle l'aurait empoisonné pour obtenir des maris ou des vêtements. Dieu lui ayant alors proposé les chiens enragés, il répond : "je préfère un chien enragé qu'une femme." ***Fête le 8 mars.***

Sterenn

Prénom féminin breton, de *ster*, étoile. Il peut être proposé comme équivalent de sainte Estelle. ***Fête le 11 mai.***

Sulien

Prénom masculin gallois et breton, à rapprocher du gaulois *suli*, soleil et *geno*, né. Variante : Tysilio (gallois).

Il semble qu'il y a trois saints de ce nom, souvent confondus.

Saint Sulian, fondateur de Luxulyan (Cornwall), serait le patron de Sizun (Finistère). ***Fête le 29 juillet.***

Saint Sulio, ou Tysilio, naît au pays de Galles vers 530. Séduit par les chants et la musique des moines, il entre au monastère de Meibot. Comme l'abbé souhaite faire un pèlerinage à Rome, Sulio l'en dissuade en lui représentant que la curiosité, non la foi l'y pousse ; en compensation, il mène l'abbé sur une colline près du monastère d'où il lui fait bénéficier d'une vision de la ville éternelle. ***Fête le 8 novembre.***

Saint Sulian, vers 565, débarque en Armorique avec quelques moines et fonde une abbaye à Saint-Suliac (35) ; sur les pentes du mont Garot, il triomphe d'un serpent à trois têtes et cultive des vergers et des vignes. ***Fête le 1er octobre.***

T

Talan

Prénom masculin cornique, de *tal*, (à rapprocher du gaulois *talo*) front, suivi d'un diminutif. Variante : Talek.

Talwyn

Prénom féminin cornique, à rapprocher du gaulois *talo*, front, et *vindo*, blanc.

Tamara

Prénom féminin cornique, du nom de la déesse du fleuve Tamar, qui marque la frontière des Cornouailles et du Devon (c'est aussi une forme féminine du prénom russe d'origine juive Tamar).

Tangui

Prénom masculin breton, du vieux breton *tan,* feu, ardent, et *ki,* chien (à rapprocher du gaulois *cuno*). Variante : Tangi (breton).

Saint Tangui et sa soeur Eode naissent vers 520 au château de Trémazan (29) ; leur mère meurt alors qu'ils sont très jeunes ; leur père se remarie. Tangui part à la cour de Childebert Ier, tandis qu'Eode reste sous la coupe de la marâtre, qui la contraint aux plus basses besognes. A son retour, égaré par les calomnies de la mauvaise femme, le jeune homme décapite sa soeur. Eode prend sa tête dans ses mains, la replace sur son tronc, pardonne à son frère, et meurt. Il se rend auprès de saint Pol-Aurélien ; il expie sa faute par un jeûne de quarante jours dans la solitude d'une forêt, puis embrasse la vie monastique. Saint Pol lui confie la fondation de l'abbaye de Gerber, au Relecq (29). Puis, pour abriter une relique de saint Matthieu, il fait construire un monastère au cap de Fine-Terre, près du Conquet. ***Fête le 19 novembre.***

Tanneguy du Chastel serait le meurtrier du duc de Bourgogne

Jean sans Peur à Montereau en 1419. Tanguy Malmanche (1875-1956) est un auteur dramatique de langue bretonne.

Tara

Prénom féminin irlandais, dérivé du gaélique irlandais Teamhair, qui signifie peut-être colline. Temair, dans la mythologie irlandaise (*Livre des invasions*), est la femme d'Érémon, chef des fils de Mil, qui se serait fait enterrer sur le site de Tara, devenu le siège des hauts rois d'Irlande. Le nom s'est notamment répandu à partir du nom du domaine de l'héroïne de *Autant en emporte le vent* (1936), de Margaret Mitchell.

Teilo

Prénom masculin gallois et breton. Variante : Telo (breton).

Saint Telo, au VIe siècle, succède à saint Dubric à la tête de Llantwit Major, au Pays de Galles. Probablement administrateur monastique, il aurait ainsi supervisé dix monastères, tout en résident principalement à Llandeilo Fawr (Dyfed). Il remplace pendant sept ans saint Samson à la tête de l'évêché de Dol alors que celui-ci se rend auprès du roi Childebert Ier. De retour au Pays de Galles, il devient évêque de Llandaff. ***Fête le 25 novembre.***

Tiernan

Prénom masculin irlandais, à rapprocher du gaulois *tigerno*, chef, suivi d'un diminutif. Variantes : Tiarnán (gaélique irlandais), Teyrnon (gallois)

Saint Tigernan est honoré dans le comté de Mayo. ***Fête le 8 avril.***

Teirnon Twrv Vliant, dans la première branche du *Mabinogi*, est un seigneur de Gwent-Is-Coed qui adopte Pryderi.

Tierney

Prénom masculin, parfois féminin aux Etats-Unis, dérivé du prénom gaélique irlandais Tiarnach, à rapprocher du gaulois *tigerno*, chef.

Saint Tigernach, au VIe siècle, en Irlande, est converti par sainte Brigitte à Kildare. Comme plusieurs autres saints irlandais, il aurait étudié à la candida casa (voir le prénom Ninian). Au retour en Irlande, il fonde un monastère à Clones (Monaghan) et meurt en 549. ***Fête le 4 avril.***

Treveur

Prénom masculin breton, probablement de *tre*, préfixe intensif, ou bien de *tref*, emplacement (à rapprocher du gaulois *trebo*), et *mor* (à rapprocher du gaulois *maro*), grand. Variantes : Trefor (gallois), Trémeur (français), Trevor (anglais).

Saint Trémeur, au VIe siècle, est le fils de Conomorre, sorte de Barbe-Bleue qui gouverne la Domnonée (nord de la Bretagne), et de sa cinquième épouse sainte Trifine. Alors qu'elle est enceinte de Trémeur, Trifine s'enfuit parce que Conomorre a résolu de tuer l'enfant à naître, car une prédiction rapporte que son fils le tuera. Conomorre tue Trifine ; saint Gildas la ressuscite, et baptise le nouveau né. Mais au monastère de saint Gildas, à Rhuy, son père découvre l'enfant et le décapite. ***Fête le 7 novembre.***

Ce prénom est notamment illustré par les anglais Trevor Howard (1916-1988), acteur, et Trevor Pinnock (né en 1946), claveciniste.

Tristan

Prénom masculin d'origine picte, d'un élément *drust*, de sens inconnu, suivi d'un diminutif. Variante: Trystan (cornique), Tristram (anglais). ***Fête le 12 novembre.***

Saint Drostan, moine sous l'autorité de saint Colomba devient le premier abbé de Deer (Grampian, Écosse) et meurt en 610. ***Fête le 11 juillet.***

Tristan est le héros d'une célèbre légende d'origine celtique. Dans la seconde moitié du XIIe siècle, les poètes anglo-normands Thomas (vers 1170, dans une version dite courtoise), Béroul (vers 1181, dans une version plus réaliste et violente), et Marie de France (dans le *Lai du chèvrefeuille*), et, en Allemagne à la même époque, Eilhart d'Oberg, reprennent la légende. Tristan, neveu de Marc, roi de Cornouailles, se rend en Irlande pour obtenir pour le roi Marc la main d'Iseut la blonde. Mais ils boivent par erreur un philtre destiné à lier d'un amour éternel Iseut à son époux, et partagent une passion fatale.

Tristan Corbière (1845-1875), poète breton de langue française, auteur des *Amours jaunes* (1873). C'est aussi le prénom du héros de *Tristram Shandy* (1759-67), de Laurence Sterne.

Tudual

Prénom masculin breton, d'un à rapprocher du gaulois *teuto*, peuple, et *gala*, valeur, valeureux. Variantes : Tugdual (français), Tuathal (gaélique irlandais).

Tuathal Techmar ("des grandes expéditions"), personnage mythologique irlandais, aurait pris, vers 67 de notre ère, une part de chaque province de l'Irlande, et constitué la province du milieu (Meath).

Saint Tugdual, au VIe siècle, probablement originaire du nord du Pays de Galles, traverse la Manche. Le prince de Domnonée (nord de la Bretagne) lui fait don d'une terre à l'embouchure du Guindy et du Jaudy, où il fonde le monastère de Tréguier, avant 550. Ses démêlés avec Conomorre, roi de Domnonée, et le souci de trouver des protecteurs à ses monastères le conduisent auprès de l'évêque d'Anger saint Aubin, et du roi Childebert qui l'aurait convaincu d'accepter l'épiscopat en 532. Vers 548, il décide de se rendre à Rome ; il y arrive alors que le pape meurt ; à l'élection du successeur, une colombe blanche se pose sur sa tête, et il est désigné comme pape sous le nom de *Leo V Papa Britigenus*. Au bout de deux ans de pontificat, un cheval blanc le ramène d'une traite à Tréguier. Une étymologie aussi fantaisiste que son pontificat rapporte à ce titre de pape son surnom de Pabu ou Paban, qui évoque probablement plutôt sa paternité spirituelle. ***Fête le 30 novembre.***

Tudi

Prénom masculin breton, à rapprocher du gaulois *teuto*, peuple. Variante : Tudeg.

Sainte Tudy, au Ve siècle, appartient à la famille de saint Brychan est est la patronne de Llandydie (Dyfed, Pays de Galles). ***Fête le 30 janvier.***

Saint Tudi, au VIe siècle est un disciple de saint Maodez. Il aurait vécu en ermite dans l'île de Groix (56), et à l'Ile-Tudy (29). ***Fête le 9 mai.***

Saint Tuda, originaire du sud de l'Irlande, remplace saint Colman (voir ce prénom) à Lindisfarne après le synode de Whitby (664), et y implante les usages romains. Il y meurt très vite d'une épidémie. ***Fête le 21 octobre.***

Tudor

Prénom masculin, forme anglaise du prénom gallois Tudur, Tewdwr, à rapprocher du gaulois *teuto*, peuple, et *rig*, roi. C'est le nom de la dynastie d'origine galloise qui règne sur l'Angleterre d'Henri VII à Elisabeth Ière (1485-1603).

Turlough

Prénom masculin, dérivé de *tárlach*, assitant. Variantes : Tármaigh, Tárlach, Traolach (formes irlandaises), Teárlach (forme écossaise), Turley, Terence, Terry (formes anglaises).

C'est notamment le nom de deux rois irlandais, Turlough O'Brien, qui règne de 1072 à 1086, et Turlough O'Connors, de 1136 à 1146.

Tyrone

Prénom masculin irlandais, du gaélique irlandais *tir*, terre, et *Eoghain*, d'Eoghan (voir le prénom Yves). C'est le nom d'un comté d'Irlande du nord qui devrait son nom à Eoghan Mor, dont les habitants du Tyrone seraient les descendant.

Tyrone Power (1797-1841), acteur et écrivain né à Waterford est l'ancêtre de Tyrone Cuthrie (1900-1971), metteur en scène anglais, et Tyrone Power (1913-1958), acteur américain.

U, V, W, Y

Ultan

Prénom masculin irlandais, diminutif de *ultach*, habitant de l'Ulster, dont le nom pourrait être rapproché du gaulois, *ulati*, prince, chef. Variante : Ultán.

Saint Ultan d'Ardbraccan est un érudit, enlumineur de manuscrits, et auteur d'une vie de sainte Brigitte, mort en 657. ***Fête le 4 septembre.***

Saint Ultan, né en Irlandes, est le frère de saint Fursy et saint Feuillan (voir ce prénom). Il fonde avec Fursy l'abbaye de Péronne, et lui succède comme abbé vers 648, jusqu'à sa mort en 686. ***Fête le 2 mai*.**

Urien

Prénom masculin gallois, à rapprocher du gaulois *orbio*, héritage et *geno*, né. Variante : Turio.

Saint Turio, au VIIe siècle, est évêque de Dol. ***Fête le 13 juillet.***

Urien, aux VIe et VIIe siècle, défend le Reghed (Cumbria, Strahclyde et Dumfries et Galloway actuels) contre les Saxons de Nothumbrie, qui le tuent au combat. Il se serait allié à trois rois bretons pour résister au Saxons, mais l'un d'eux l'aurait trahi et tué. Plusieurs poèmes de Taliesin lui sont adressés. Dans le cycle arthurien, il est le père d'Yvain (voir le prénom Yves).

Viviane

Prénom féminin, dérivant peut-être du latin *vivus*, vivant, ou bien du prénom gaélique irlandais Beibhinn, du vieil irlandais *bé*, femme, et *binn*, doux, mélodieux.

Viviane, personnage du cycle arthurien, est instruite par Merlin ; il finit par lui livrer son dernier secret : comment retenir un homme prisonnier pour l'éternité. Viviane l'ensorcelle, et il se réveille avec Viviane dans un château invisible, un palais de cristal au fond de l'eau. Elle devient la "Dame du Lac" ; elle élève Lancelot et lui révèle les règles de la chevalerie.

Wallace

Prénom masculin anglais, probablement du mot anglo-saxon *wealas*, étranger, qui a donné aussi son nom anglais au Pays de Galles (Wales). Surtout en usage au sud de l'Ecosse, il est devenu populaire en Ecosse à cause du patriote écossais William Wallace (1272-1305).

Winifrid

Prénom féminin, forme anglaise du prénom gallois Gwenfrewi, du gallois *gwenn* (à rapprocher du gaulois *vindo*, blanc), blanche, heureuse, sacrée et *frewi*, réconciliation ; lors de son passage en anglais il a été réinterprété à partir d'éléments germaniques *win*, joie, et *frid*, paix. Variante : Jenifry (cornique).

Sainte Gwenfrewi décide de se consacrer à Dieu. Un dimanche, malade, elle reste chez elle alors que toute la maison se rendait à l'office. Le prince Caradoc la surprend seule, tente de l'embrasser ; elle se réfugie dans une autre chambre, passe par la fenêtre et s'enfuit vers l'église. Mais le prince la poursuit et, craignant qu'elle ne révèle son infamie, lui tranche la tête. Saint Beuno maudit le meurtrier qui se dissout comme neige au soleil, et remet la tête de la jeune fille sur son corps et la ressuscite. Elle se retire comme religieuse à Gwytherin au nord-ouest du Pays de Galles. Ses reliques guérissent notamment les boiteux et elle acquiert progressivement une popularité exceptionnelle. En 1398, son culte est étendu à tout l'archevêché de Canterbury. Le pèlerinage à sainte Winifrid est le seul de Grande-Bretagne à survivre à la Réforme. ***Fête le 3 novembre.***

Yann

Prénom masculin, forme bretonne de Jean. Variantes : Yannig (diminutif breton, écrit Yannick en français), Ian, Iain (gaélique écossais), Ieuan, Ifan, Iwan, Evan, Siôn (gallois), Sean (irlandais, voir ce prénom).

Yves

Prénom masculin, à rapprocher des éléments gaulois *eburo* (parfois contracté en *eo*) et *ivo*, qui signifient tout deux if, et *geno*, né. Variantes : Erwan, Youenn (breton), Eòghann, Iomhair (gaélique écossais), Eoghan (irlandais), Owen, Owain, Ifor (gallois), Yvain (forme française médiévale). La forme féminine Iona, vient d'une île célèbre pour son monastère fondé par saint Colomba (voir le prénom Malcolm), dont le nom, I ou Eo désigne l'if.

Saint Eoghan, comme plusieurs autres saints irlandais, aurait étudié à la Candida Casa de saint Ninian (voir ce prénom). Il devient le premier évêque d'Ardstraw (siège aujourd'hui à Derry), et meurt en 618. ***Fête le 23 août.***

Saint Ivi, originaire du pays de Galles, émigre en Armorique en 685 et fonde Pontivy (56). ***fête le 6 octobre.***

Saint Yves Hélory naît en 1253 près de Tréguier. En 1267, il étudie la théologie à l'université de Paris, et, en 1277, le droit à Orléans. En 1280 il devient *official*, juge ecclésiastique, du diocèse de Rennes, puis de Tréguier. Juge intègre, il est le patron des gens de loi, en raison de son esprit d'équité ; son attention à toujours défendre en priorité les plus humbles et les plus démunis face aux puissants le fait surnommer l'avocat des pauvres. Puis il devient curé, se dépouille de ses biens et ouvre aux indigents le manoir dont il a hérité. Il pratique un ascétisme rigoureux : il dort par terre, avec une pierre pour oreiller, ne prend qu'un maigre repas par jour, porte un cilice, une robe de bure et des sandales, et reste d'une saleté repoussante ; il retrouve les qualités des anciens ermites celtes, jointes à celles des moines mendiants de son siècle. Il meurt à Kermartin en 1303. Son tombeau devient rapidement un centre de pèlerinage. Il est canonisé en 1347. Il est souvent considéré comme un des saints patrons de la Bretagne avec sainte Anne. ***Fête le 19 mai.***

Yvain ou Owein, personnage littéraire arthurien, est le fils d'Urien (voir ce prénom). Le récit de ses aventures apparaît notamment dans deux romans, l'un de Chrétien de Troyes, *Yvain ou le Chevalier au lion*, écrit vers 1170-75, l'autre gallois *Owein, ou le conte de la dame à la Fontaine*, écrit vers 1200-1225. Owein, chevalier de la table ronde, épouse la Dame de la Fontaine ; mais Arthur le réclame, et Owein prend congé pour trois mois. Mais trois an plus tard, il n'est pas revenu. La dame lui envoie une messagère qui lui enlève son anneau. Il erre dans les bois et secourt un lion attaqué par un serpent, le sauve et se l'attache. Puis il reconquiert son épouse. Il apparaît également dans le *Songe de Ronabwy*, récit gallois du XIVe siècle, dans lequel il joue avec Arthur une étrange partie d'échec.

Owein est le héros du *Traité du Purgatoire de saint Patrick*, écrit vers 1188, par un moine de l'abbaye de cistercienne de Saltrey, et dont Marie de France traduit une version en français. Le récit raconte comment Owein, par le puits de saint Patrick, en Irlande, contemple les peines du Purgatoire et les joies du Paradis.

Plusieurs Gallois célèbres portent également ce prénom, en particulier Owain Glyn Dwr. Maître de l'ensemble du Pays de Galles, il prend le titre de Prince de Galles en 1405. Il défie le pouvoir royal, réunit plusieurs parlements et projette même une division tripartite de l'Angleterre qui aurait agrandi considérablement le Pays de Galles. L'échec de sa marche sur Worcester en 1405 amorce son déclin. En 1409, il se réfugie dans les montagnes de la Snowdonia. Après 1413, on n'entend plus parler de lui. Ce soulèvement, le dernier sursaut de l'indépendance galloise, en a fait un héros national.

Calendrier celtique

janvier

1er	Saint Caelan
5	Sainte Ciara
6	Sainte Muadnat
7	Saint Brannock
7	Saint Cedde
7	Sainte Kentigerne
9	Saint Fillan
10	Saint Diarmait
11	Saint Ethenia
13	Saint Elian
13	Saint Kentigern
13	Saint Rémi
15	Sainte Ita
18	Saint Gwendal
19	Saint Brevalaer
20	Saint Fechin
21	Sainte Brigitte de Kilbride
22	Saint Lonan
23	Saint Cadoc
25	Saint Bretannion
25	Sainte Dwynwen
26	Saint Conan
28	Sainte Brigitte et Maura
29	Saint Dallan
29	Saint Gildas
30	Sainte Tudy
31	Saint Aidan de Ferns

février

1	Saint Ours (Art)
1	Sainte Brigitte de Kildare
2	Saint Colomban de Gand
3	Sainte Caeilainn
6	Sainte Macha
6	Saint Mel d'Ardagh
7	Saint Audren
7	Saint Ronan d'Ecosse
8	Saint Derrien
11	Sainte Gobnet
12	Saint Rioc
15	Saint Bearach
17	Saint Finan de Lindisfarne
17	Saint Fintan de Clonemagh
17	Saint Loman
18	Saint Colman de Lindisfarne
23	Saint Madoc de Wormhout

mars	
1	Saint Aubin d'Angers
1	Saint David de Menevia
2	Saint Chad
3	Saint Guénolé
5	Saint Ciaran de Saighir
7	Saint Nominoë
8	Saint Rhian
8	Saint Senan
8	Saint Sezni
9	Sainte Melle
11	Saint Oengus de Tallacht
16	Saint Finan Lobur
17	Saint Patrick
18	Saint Finan d'Aberdeen
21	Saint Eana
23	Saint Fingar
23	Saint Pélage (Morgan, Murray)
24	Saint Dunchad
26	Saint Govan
29	Sainte Gwladys
29	Sainte Lassera

avril	
1	Saint Cunwal
1	Saint Celsus
4	Saint Moran
4	Saint Tigernach
6	Saint Brychan
7	Saint Brynach
7	Saint Finan Cam
7	Saints Llewelyn et Gwrnerth
8	Saint Tigernan
13	Saint Caradoc
13	Saint Guinoch
15	Saint Ruadhan
17	Saint Donan
17	Saint Even
18	Saint Laserian
21	Saint Maelrubba
28	Saint Cronan

mai

1	Saint Brieuc
1	Saint Ceallach
2	Saint Ultan de Péronne
5	Saint Briton
9	Saint Tudi
10	Saint Catald
10	Saint Comgall
10	Saint Conleth
13	Saint Maël
14	Saint Carthach le jeune
15	Sainte Dymphna
16	Saint Brendan de Clonfert
16	Saint Carantoc
17	Saint Chattan
18	Saint Feredarius
19	Saint Yves Hélory
24	Saint David d'Ecosse

juin

1	Saint Ronan de Locronan
3	Saint Kevin
4	Sainte Breaca
6	Saint Jarlath
7	Saint Colman de Dromore
7	Saint Mériadec
9	Saint Colomba
17	Saint Briavel
17	Saint Hervé
20	Saint Alban
20	Saint Gobain
21	Saint Méen

juillet

1	Saint Gall de Clermont
1	Saint Goulven
3	Saint Gurtiern
5	Sainte Morwenna
6	Sainte Nolwenn
7	Saint Maelruain
8	Saint Coloman de Bavière
8	Saint Killian de Bavière
9	Saint Brice de Martole
11	Saint Drostan
13	Saint Turio
15	Saint Donald
15	Saint Riwal
16	Saint Sinach Macdara
16	Saint Tenenan
23	Sainte Brigitte de Suède
24	Saint Declan
26	Sainte Anne
29	Saint Loup
29	Saint Sulian de Luxulyan

août

1	Saint Kined
11	Saint Blane
12	Saint Muredach
16	Saint Armel
19	Saint Cartach l'ancien
23	Saint Eoghan
26	Saint Edern
26	Saint Ninian
30	Saint Fiacre
31	Saint Aidan de Lindisfarne

septembre

3	Saint Macanisius (Oengus)
4	Saint Ultan d'Ardbraccan
9	Bienheureux Alain de la Roche
9	Saint Ciaran de Clonmacnoise
10	Saint Finnian de Moville
11	Saint Glen
12	Saint Ailbe d'Imlech
14	Saint Cormac
15	Saint Albin de Lyon
21	Sainte Mabyn
22	Saint Molvan
23	Bienheureux Charles de Blois
23	Saint Adamnan
25	Saint Finbar
27	Saint Barri
28	Saint Mathan

octobre

1	Saint Sulian de Saint-Suliac
2	Saint Mélar
5	Sainte Fleur (Blodwen, Baltnait)
6	Saint Ivi
7	Saint Celin
8	Sainte Ceinwen
8	Sainte Pélagie (Morgane, Muriel)
11	Saint Canisius (Keneth)
13	Saint Coloman de Stockerau
13	Saint Comgan
14	Sainte Enora
14	Sainte Gwendoline
16	Saint Gall de Saint-Gall
16	Sainte Ciara
18	Sainte Gwenn
18	Saint Ségal
20	Saint Bradan
21	Saint Fintan Munna
21	Saint Tuda
22	Saint Donatus
22	Saint Mellon
24	Saint Magloire
25	Saint Gouesnou
26	Saint Alain de Corlay
26	Saint Cedde
27	Saint Odran
31	Saint Feuillan

novembre

1	Saint Catman
3	Saint Elerius
3	Saint Gwenaël
3	Sainte Gwenfrewi
6	Saint Efflam
6	Saint Winoc
6	Saint Melaine
7	Saint Trémeur
8	Bienheureux Jean Duns Scot
8	Saint Sulio
10	Saint Aed Macbricc
12	Saint Cadwaladr
12	Saint Cummian
12	Saint Machar
13	Saint Brice de Tours
13	Saint Kilian d'Aubigny
14	Saint Laurence
15	Saint Arthur de Glastonbury
15	Saint Fintan de Rheinau
15	Saint Malo
19	Saint Tangui
21	Saint Colomban de Luxeuil
22	Saint Aubeu de Wancourt
24	Sainte Flora (Blodwen, Baltnait)
24	Saint Cianan
25	Saint Telo
27	Saint Fergal
27	Saint Fergus
29	Saint Brendan de Birr
30	Saint Tugdual

décembre

7	Sainte Azénor
11	Saint Envel
12	Saint Corentin
12	Saint Finnian de Clonard
13	Saint Judoc
14	Saints Fingar et Ciara
17	Saint Briac
17	Saint Judicaël
18	Saint Flannan
20	Saint Ursan (Artan)
24	Saint Caranus
29	Saint David, roi d'Israël

Index

 Photogravure d'Aquitaine à Bordeaux. Imprimé et façonné par Pollina à Luçon n° 85734
Mise en page du studio des Éditions Gisserot.
Imprimé en France